KB114315

누구나
한번쯤
읽어야 할
명심보감

삶을 일깨우는 고전산책 시리즈 07

누구나 한번쯤 읽어야 할 명심보감

미리내공방 편저

읽으면 힘을 얻고
깨달음을 주는 지혜의 고전

머리말

《명심보감明心寶鑑》은 고려 충렬왕忠烈王 때의 문신 추적秋適이 인생 지침으로 삼을 만한 명언과 격언을 모아 엮은 것으로, 원래 계선繼善·천명天命·순명順命·효행孝行·정기正己·안분安分·존심存心·계성戒性·근학勤學·훈자訓子·성심省心·입교立教·치정治政·치가治家·안의安義·준례遵禮·언어言語·교우交友·부행婦行 등 19편으로 구성된 것에 훗날 증보增補·팔반가팔수八反歌八首·효행 속편·염의廉義·권학勸學 등 5편이 덧붙어 총 24편으로 확장된 한문 교양서이다.

'명심明心'이란 명륜明倫·명도明道처럼 마음을 밝게 한다는 뜻이고, '보감寶鑑'이란 보물과 같은 거울로서의 교본이 된다는 뜻이다. 고로 《명심보감》은 '마음을 밝게 하는 귀중한 말이 담긴 책'이다. 《명심보감》은 '선인善人에게 복을 내리고, 악인惡人에게 벌을 내린다'는 하늘의 섭리를 바탕으로 끝없는 자기반성과 인간 본연의 양심을 보존함으로써 인격을 고취해 나아갈 것을 거듭 강조한다. 그래서 예로부터 서당 교육의 기본 교재로 널리 읽혔을뿐더러 시공을 초월하여 오늘날에도 자기 수양서로 즐겨 읽히고 있다.

《명심보감》에 담긴 글은 대부분 단문短文인데, 효와 가정과 우애·개인과 사회와 국가·인간과 하늘과 자연 등을 화두로 하여 생을 이어가는 데 기본적으로 갖추어야 할 여러 도리를 두루 다루고 있다.

특별히 이 책에서는《명심보감》이 담고 있는 의미를 쉽게 풀어 전달하고자 7가지 큰 주제로 가른 뒤 각각의 명구名句에 걸맞은 이야기를 곁들여 그 뜻이 자연스럽게 이해되도록 구성했다. 이로써 한 토막의 이야기를 다 읽었을 때마다《명심보감》의 금언金言이 명확히 각인되도록 했다.

이제 이 책 속 책장마다 자리한 수많은 선현과 마주하고 '명심보감'을 청해보자. 그들이 전하는 주옥같은 촌철살인의 명구를 음미하다 보면, 나와 우리와 세상을 꿰뚫어 보는 인생 혜안이 명쾌히 열릴 것이고, 마땅히 나아가야 할 길이 또렷이 보일 것이다.

똑바른 인생살이를 위해 우리는 끊임없이 갈고닦아 마음을 밝혀야 한다. 물론 살벌한 경쟁 체제 속에서 숨 가쁘게 내달리기 급급한 오늘날, 이를 실천하기란 쉽지 않다. 그럼에도 이 책으로 그 시작점을 다시금 찍어보자. 첫발을 내디디면 길이 펼쳐질 것이다. 한 번 주어진 일생을 제대로 살고자 하는 성인들에게, 특히 나름의 비전으로 인생을 펼쳐나갈 청소년들에게 이 책의 일독을 권한다.

미리내공방

차 례

2 마음을 다스리려면

3

지혜로운 자가 되려면

4
학문을 연마하려면

5 슬기로움을 키우려면

6

효와 우애를 다지려면

7 올바른 정치를 하려면

太公曰

勿以貴己而賤人 勿以自大而蔑小 勿以恃勇而輕敵

태공이 말하였다

내가 귀하다고 하여 남을 천하게 여기지 말고
자신이 크다고 하여 남의 작은 것을 업신여기지 말며
용맹만을 믿고 적을 가볍게 여기지 말라

明
心
寶
鑑

1

삶의 참뜻을 알려면

엇갈린 두 사내의 운명

시 래 풍 송 등 왕 각　운 퇴 뇌 굉 천 복 비
時來風送滕王閣, 運退雷轟薦福碑.

때가 이르니 바람이 불어 등왕각으로 보내고, 운이 없으니 벼락이 천복비를 때렸다.

– 순명편

이 문구에는 다음과 같은 유래가 있다.

당唐 고종高宗 때 왕발王勃이라는 선비가 고개를 넘고 내를 건너 자기 아버지의 임지인 교지交趾로 가는 중이었다. 그는 마당산이라는 야트막한 산중에 다다르자 너무 피곤하여 한숨 자고 가려고 나무 그늘 아래 누웠다. 그런데 꿈속에서 이 산의 신령이 나타나 말했다.

"네게 순풍順風을 줄 터이니 어서 등왕각으로 가거라."

"등왕각이라니요? 거기가 어딥니까? 신령님……."

왕발이 놀라 잠에서 깨어 보니 과연 어디선가 바람이 몰려와 그의 몸을 휘감았다. 그 바람은 참으로 신기하여 가만히 있어도 저절로 몸이 앞으로 나아가 힘들이지 않고 남창南昌 7백 리를 하룻밤 사이에 도

착하게 됐다.

더욱 놀라운 것은 왕발이 도착한 곳에서는 마침 등왕각을 증수增修하고 연회를 베풀어 선비들에게 그 서문을 짓게 하는 중이었다.

당시 17세 소년이었던 왕발은 한번 붓을 휘둘러 등왕각의 서문을 지어 올렸다. 그랬더니 좌중의 눈이 휘둥그레졌다.

"기가 막힌 명문이로다!"

그 후 왕발은 천하에 명성을 떨치게 됐다.

또 한 사람, 송나라 때 구래공寇萊公의 문객 중에 가난한 선비 하나가 있었다.

끼니를 거르며 학업에 열중하던 중에 어느 부자가 강서성 파양현鄱陽縣에 있는 천복사薦福寺의 비문碑文을 탁본해오면 후한 값을 쳐주겠다고 말했다. 그러자 그는 당장 천복사로 길을 떠났다.

천신만고 끝에 천복사에 도착한 선비는 이미 날이 저물고 비바람이 몰아쳐 할 수 없이 탁본을 다음 날로 미루고 객사에서 하룻밤을 묵기로 했다. 그런데 공교롭게도 그날 밤 비문에 벼락이 떨어져 선비의 꿈은 산산이 깨지고 말았다.

위의 두 사람, 왕발과 가난한 선비의 경우는 정반대로 나타났다. 왕발에게는 생각지도 않았던 행운이 저절로 굴러 들어왔지만, 가난한 선비는 힘들게 구하고자 했던 것을 구하지 못했던 것이었다.

이후 두 사람의 이야기는 운명론의 대표적인 사례로써 인구에 회자됐다.

졸부의 실언

제 가진 것만 믿고 도무지 아낄 줄 모르는 졸부가 있었다.

어느 날, 그는 하인을 거느리고 장에 갔다가 거드름을 피우며 집으로 향하고 있었다. 그런데 장터에는 사람들로 붐벼서 졸부가 탄 말이 쉽게 빠져나갈 수가 없었다. 한참이 지나도록 장터를 빠져나오지 못하고 있다가 점심때를 넘기게 됐다. 하인은 너무 배가 고파 집을 나올 때 가져온 고기 조각을 꺼내 먹다가 그만 한 조각을 땅바닥에 떨어뜨리고 말았다.

"아이고, 아까워라."

하인은 얼른 고기를 주워 흙을 털어 낸 뒤 다시 먹을 생각이었다. 그때 졸부가 이를 지켜보다가 호통을 쳤다.

"에잇, 이 녀석아. 땅바닥에 떨어졌던 그 구린내 나는 것을 다시 먹으려고 하느냐? 내 집 하인이 땅바닥에 떨어진 음식을 먹었다는 소문이라도 나면 내 체면이 뭐가 되느냐? 당장 쓰레기통에 갖다 버려라."

"아닙니다. 깨끗하게 흙만 털어 내면 먹을 만합니다. 먹을 수 있는 음식을 버리는 것도 죄입니다."

"그래도 이 녀석이! 어서 갖다 버려라."

하인은 워낙 주인의 호통이 심한지라 그의 말을 따를 수밖에 없었다. 시간이 지나 마을 어귀에 다다르게 됐다. 지나가는 사람들이 별로 없는 한적한 곳에 이르자, 총명한 하인은 주인을 골탕 먹이기 위해 한 가지 꾀를 냈다. 하인은 땅바닥에서 뾰족한 쇠붙이 하나를 주워 주인 몰래 말의 엉덩이를 세게 찔렀다. 그러자 놀란 말이 갑자기 앞발을 들며 일어서는 바람에 졸부가 땅바닥으로 나동그라졌다.

"어이쿠! 저놈의 말이 왜 갑자기 발버둥을 치는 거야?"

졸부는 순식간에 흙먼지를 뒤집어쓴 몰골이 됐다. 그러나 하인은 모른 척하며 딴청을 부렸다. 이를 본 졸부가 화를 내며 소리쳤다.

"내가 땅에 떨어져 뒹굴고 있는데 얼른 와서 부축할 생각은 안 하고 뭘 하고 있는 게냐?"

하인이 그 말을 듣고 태연하게 대꾸했다.

"아까 장터에서 제가 땅에 떨어진 고기 조각을 집어 먹으려고 했을 때 구린내가 나니 버리라고 하셨지요?"

"그래, 그랬지."

"저는 그 고기가 아까웠지만 주인님의 명령에 따라 고기를 쓰레기통에 버렸습니다."

"그런데 그게 어쨌다는 것이냐?"

"지금도 마찬가지 아니겠습니까? 구린내 나는 고기를 주우면 주인님께서는 또 내다 버리라고 하실 게 아니겠어요? 저는 차마 주인님을 쓰레기통에 갖다 버릴 수가 없거든요."

세월이 흘러 그 졸부는 결국 가산을 탕진하여 거지 신세가 되고 말았다고 한다.

구래공육회명운 관행사곡실시회 부불검용빈시회
寇萊公六悔銘云 官行私曲失時悔 富不儉用貧時悔
예불소학과시회 견사불학용시회 취후광언성시회
藝不少學過時悔 見事不學用時悔 醉後狂言醒時悔
안부장식병시회
安不將息病時悔

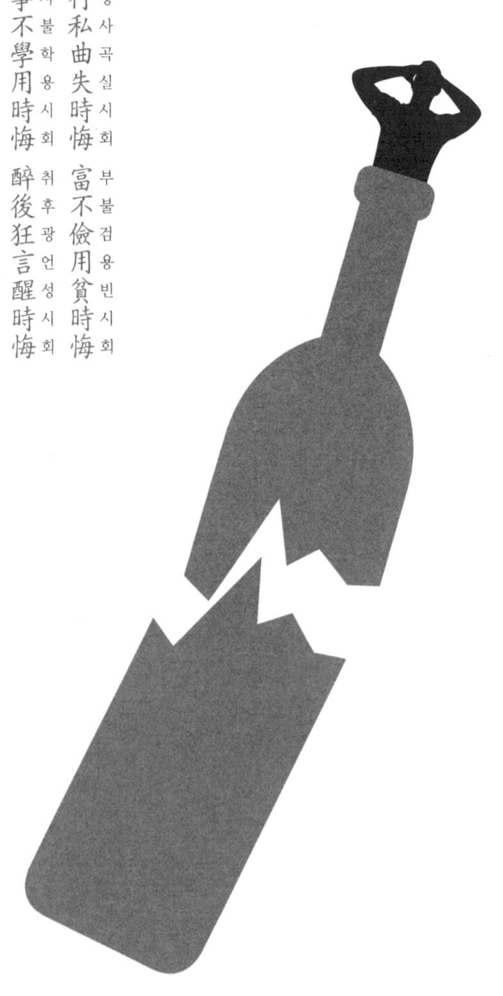

明心寶鑑

존심편

구래공이 《육회명》에서 말하였다.

벼슬아치가 사사로운 일을 행하면 벼슬을 잃을 때 뉘우치게 되고,

돈이 많을 때 아껴 쓰지 않으면 가난해졌을 때 뉘우치게 되며,

재주를 믿고 어렸을 때 배우지 않으면 시기가 지났을 때 뉘우치게 되고,

사물을 보고 배우지 않으면 필요하게 됐을 때 뉘우치게 된다.

취한 상태에서 함부로 말하면 술이 깨었을 때 뉘우치게 되고,

몸이 건강했을 때 조심하지 않으면 병이 들었을 때 뉘우치게 된다.

쓸모없는 표주박

유 회 왈 언 부 중 리 불 여 불 언
劉會曰 言不中理, 不如不言.

유회가 말하였다. 말이 이치에 맞지 않으면, 말하지 않는 것만 못하다.

– 언어편

제나라에 전중田仲이라는 은자隱者가 살고 있었다. 그는 항상 남의 신세를 지지 않고 자기 혼자서 모든 것을 해결하며 살아갈 수 있다고 자신했다.

하루는 송나라의 굴곡屈穀이라는 사람이 그를 만나러 왔다.

"선생께서는 의를 지키며 남의 신세를 지지 않고 모든 것을 자급자족하신다고 들었습니다. 그게 사실입니까?"

"그렇소."

"저는 표주박 심는 재주 하나를 갖고 있습니다. 그런데 이번에 거둬들인 표주박 중에 하나는 돌처럼 단단하고 겉이 두꺼워서 구멍을 뚫을 수가 없더군요. 선생님께 그것을 드리고자 하는데 어떻겠습니까?"

이 말을 들은 전중은 펄쩍 뛰며 화를 냈다.

“그걸 말이라고 하시오? 사람들이 표주박을 심는 이유는 나중에 거둬들인 뒤 구멍을 뚫어 사용하기 위해서요. 그런데 껍질이 단단해 구멍을 낼 수도 없는 표주박을 대체 무엇에 쓰겠소? 나는 필요 없소.”

그러자 굴곡이 빙긋이 웃으며 말했다.

“그 말씀만큼은 참으로 지당하십니다. 사실은 저도 그 표주박을 버릴 생각이었습니다.”

전중은 그의 웃음이 무엇을 뜻하는지 한참 뒤에야 깨달았다. 전중은 다른 사람의 신세를 지지 않고 살아간다고는 했지만, 그렇다고 다른 사람을 위해 이익이 되는 일을 한 것도 아니었다. 그러므로 전중도 굴곡이 거둬들인 단단하여 쓸모없는 표주박과 같은 존재라 할 수 있었다.

세 번 웃은 조조의 패배

태 공 왈　물 이 귀 기 이 천 인
太公曰 勿以貴己而賤人,

물 이 자 대 이 멸 소　물 이 시 용 이 경 적
勿以自大而蔑小, 勿以恃勇而輕敵.

태공이 말하였다. 내가 귀하다고 하여 남을 천하게 여기지 말고,
자신이 크다고 하여 남의 작은 것을 업신여기지 말며,
용맹만을 믿고 적을 가볍게 여기지 말라.

– 정기편

《삼국지》의 간웅으로 불리는 조조는 적벽대전에서 패함으로써 사실상 천하 통일의 야망이 심하게 꺾이고 만다. 20여만 대군을 믿고 자만하다가 3만의 손권군에게 당한 일격이었다.

지나친 야망과 순간의 방심으로 인해 패전지장이 된 조조는 몇 명 되지 않는 병사들의 호위를 받으며 허겁지겁 불길 속을 빠져나가기 시작했다. 사위는 어두워지고 있었지만 멀리 적벽의 불빛은 더욱 기세등등하게 타오르고 있었다. 조조는 낭패한 눈길로 사방을 둘러보다가 갑자기 무슨 생각을 했는지 웃음을 터뜨렸다.

"하하하……."

방금 패전을 맛본 사람답지 않은 웃음인지라 옆에 있던 장수 하나

가 까닭을 물었다.

"승상, 무엇이 그렇게 우스우신지요?"

조조는 여전히 웃음을 머금은 채 대답했다.

"이 험악한 지형을 보아라. 제갈량과 주유가 얼마나 어리석은 자들인가를 알 수 있지 않느냐? 만약 내가 군사를 부렸다면 저 골짜기와 숲속에 병사들을 매복시켜 놓고 습격을 노렸을 것이다."

그런데 조조의 말이 채 끝나기도 전에 숲속에서 한 떼의 군사들이 대낮같이 횃불을 밝히며 밀려 내려왔다.

"들어라. 조조야! 나 조자룡은 공명 군사의 가르침을 받들어 이곳에서 너를 기다린 지 오래다."

조조는 무섭기가 이를 데 없는 조자룡의 이름을 듣자 너무 놀라 말에서 떨어질 뻔했다. 간신히 정신을 수습한 조조는 그 길로 밤을 새워 도망갔다. 남이릉에서 아침을 맞고, 호로구까지 다다른 조조는 또 한 번 실성한 사람처럼 웃음을 터뜨렸다.

"아하하하……."

"승상! 왜 또 웃으십니까?"

장수 하나가 묻자 조조가 대답했다.

"역시 제갈량과 주유는 내 머리를 따라올 수가 없어. 내가 그들이었다면 이곳에다 병력을 숨겨 두었다가 도주하는 지친 군사들을 사로잡았을 것이다. 그런데 쥐새끼 한 마리도 얼씬거리지 않으니 어찌 우습지가 않느냐?"

그러나 조조의 말이 끝나자마자 천둥소리와 같은 목소리와 함께 장비가 나타나 그의 앞을 가로막았다.

"조조 이놈아! 쥐새끼처럼 어디로 내빼려고 하느냐!"

조조는 장비의 사나움을 보자 간담이 서늘해져 눈을 감은 채 뒤도 돌아보지 않고 줄행랑을 놓았다. 한참을 도망치다 보니 길이 두 갈래로 나타나는 지점에 이르렀다. 한쪽 산봉우리에서는 연기가 모락모락 피어오르고 있었다.

"음…… 필시 저 연기는 제갈량이 산속에 복병이 있는 것처럼 보이기 위해 꾸며 놓은 수작일 것이야, 하하하! 그따위 얕은 꾀에 속아 넘어갈 내가 아니지."

그러면서 조조는 연기가 나는 쪽으로 병사들을 이끌었다.

"연기가 나고 있다면 반드시 군마가 있다는 증거입니다. 승상께서는 왜 화를 자초하시려 합니까?"

하지만 조조는 자기 꾀를 믿고 연기가 나는 길로 들어섰다. 역시 이번에도 탈출이 쉽지는 않았다. 적토마 위에서 청룡언월도를 비껴든

관우가 나타났던 것이다.

조조에게는 이제 남은 병사들도 몇 안 남았고, 지칠 대로 지친 상태라 관우에게 대항한다는 것은 계란으로 바위를 치는 격이었다. 조조는 죽음을 각오했다. 그러나 관우는 지난날 조조와의 옛정을 생각해 그에게 도주할 길을 열어줬다.

비록 전투에서는 패했지만 머리싸움에서만큼은 지지 않으려고 안간힘을 썼으나 결국 조조는 지나친 자만심 때문에 완벽한 패배를 맛보고 말았다.

평생 수염이 나지 않은 까닭

지족상족 종신불욕 지지상지 종신무치
知足常足, 終身不辱. 知止常止, 終身無恥.

만족함을 알아 늘 넉넉하면 평생 욕됨을 당하지 않을 것이요,
그칠 줄을 알아 늘 그치면 평생 부끄러움을 당하지 않을 것이다.

– 안분편

생전에 수염이 한 가닥도 나지 않던 부자가 죽어서 염라대왕 앞에 섰다. 염라대왕이 부자에게 물었다.

"너는 살아서 무슨 죄를 지었느냐?"

부자는 염라대왕 앞에서 거짓말을 했다가는 더 나쁜 지옥으로 떨어질 것 같아 사실대로 고했다.

"저는 큰되로 받아들이고 작은되로 내주곤 했습니다. 또한 남에게 돈을 빌려주고 높은 이자를 쳐서 받곤 했습니다. 저는 이 같은 방법으로 부자가 됐습니다."

염라대왕은 별로 달갑지 않은 표정을 지으며 다시 물었다.

"혹시 네가 살아 있을 때 무슨 불만이라도 있었느냐?"

부자는 이번에도 솔직하게 대답했다.

“있습니다. 꼭 드리고 싶은 말씀이었는데, 이렇게 물어주시니 고맙습니다. 저는 살아 있는 동안 한 번도 수염이 난 적이 없습니다. 그것이 늘 불만이었습니다.”

“호오, 그러하냐?”

염라대왕은 신기하다는 듯 판관에게 부자의 생사부를 들춰보라고 했다. 판관이 부자의 생사부를 본 뒤 고했다.

“저자에게는 두 손가락 길이만큼의 수염이 있었습니다.”

그 말을 듣고 염라대왕은 크게 노하여 꾸짖었다.

“네 생전에 두 손가락의 길이나 되는 수염이 있다고 하거늘 왜 거짓을 고했느냐?”

부자는 몹시 허둥대며 큰 소리로 고했다.

“믿어 주십시오. 정말이지 저는 살아서 한 오라기의 수염도 자라지 않았습니다. 제 턱을 보십시오. 이렇게 반질거리지 않습니까?”

부자는 자기 턱을 염라대왕 앞에 내밀어 보였다. 염라대왕이 자리에서 내려와 자세히 들여다보니 과연 그의 얼굴에는 수염이 한 올도 없었다.

“그것참 이상하구나. 판관은 생사부를 가져와 보거라.”

염라대왕은 생사부를 들고 다시 한번 자세하게 살펴보았다. 그런데 자세히 보니 부자의 항목 밑에 작은 글씨로 이렇게 쓰여 있었다.

“이자의 얼굴 가죽은 손가락 세 개만큼 두꺼우므로, 두 손가락의 길이만큼의 수염이 뚫고 나올 수가 없다.”

염라대왕은 그 글을 보고서야 고개를 끄덕였다.

1천 금에 되판 옥구슬

益智書 云 白玉投於泥塗, 不能汚穢其色.
(익지서 운 백옥투어니도 불능오예기색)

君子行於濁地, 不能染亂其心.
(군자행어탁지 불능염란기심)

故 松栢可以耐雪霜. 明智 可以涉危難.
(고 송백가이내설상 명지 가이섭위난)

《익지서》에서 말하였다. 백옥을 진흙 속에 던져도 그 빛을 더럽힐 수는 없고,
군자는 혼탁한 곳에 갈지라도 그 마음을 어지럽힐 수 없다.
그러므로 송백은 서리와 눈을 견뎌 낼 수 있고, 밝은 지혜는 위기와 고난을 건너갈 수 있다.

– 성심편

송宋나라에 감지자監止子라는 거상巨商이 있었다.

어느 날, 그는 매우 귀한 옥玉구슬의 진가를 잘 모르고 1백 금金에 팔려는 사내를 만났다.

"1백 금을 줄 테니 물건을 이리 주시오."

감지자는 사내에게 옥구슬을 건네받고 1백 금을 주려고 했다. 그런데 그때 마침 다른 한 사람이 나타나 사내에게 말했다.

"내가 2백 금을 줄 테니 내게 파시오."

그러자 감지자는 사내에게 건네받아 들고 있던 옥구슬을 일부러 땅에 떨어뜨린 다음 실수를 가장하여 그것을 발로 밟아 버렸다.

"아니, 이런…… 옥이 못 쓰게 돼 버렸군."

감지자는 일부러 아쉬운 표정을 지으며 흠집이 난 옥구슬을 들어 보였다.

"에이…… 그러면 나는 그 옥을 사지 않겠소."

나중에 나타난 사람은 이내 옥구슬을 포기하고 돌아섰다. 경쟁자가 사라지고 난 뒤 감지자는 옥구슬의 주인에게 1백 금을 건네며 말했다.

"내가 옥을 상하게 했으니, 이 옥은 내가 갖고 처음에 말한 돈으로 쳐서 배상해 주겠소."

결국 처음에 사내가 제시한 금액에서 한 푼도 더하지 않고 옥구슬을 산 셈이었다.

감지자는 집으로 돌아와 옥구슬을 갈고 다듬어 다시 영롱하게 빛나는 물건으로 만들었다. 그런 다음 다른 이에게 1천 금의 거금을 받고 되팔았다. 이 이야기를 듣고 한비자가 말했다.

"사람들은 어떤 일을 하다가 실패하면 '차라리 하지 않는 것이 좋았을 텐데' 하고 후회한다. 그러나 참된 현자는 결코 후회하는 일이 없다. 때에 따라서는 조금 손해가 나더라도 장래의 이익을 내다볼 줄 아는 지혜가 있어야 한다."

전 재산으로 자기 무덤을 산 농부

대하천간 야와팔척 양전만경 일식이승
大厦千間, 夜臥八尺. 良田萬頃, 日食二升.

큰 집이 천간이라도 밤에 눕는 곳은 여덟 자뿐이고,
좋은 밭이 만 평이 있다 해도 하루에 먹는 것은 두 되뿐이다.

– 성심편

먼 옛날, 러시아의 어느 시골에 바홈이라는 농부가 살고 있었다. 그는 다소 미련스런 성격인 데다 욕심이 과한 편이었다.

어느 날, 아주 많은 땅을 갖고 있는 갑부가 바홈에게 이런 제안을 했다.

"내게 1천 루블만 준다면, 날이 밝을 때부터 해가 질 때까지 당신이 밟은 땅을 모두 주겠소. 단 해가 지기 전에 반드시 출발점으로 돌아와야 하오."

바홈은 횡재를 만났다 싶어 선뜻 자신의 전 재산을 갑부에게 주고 그의 제안을 받아들였다. 이튿날 아침, 날이 밝자마자 바홈은 길을 떠났다. 그는 좀 더 많은 땅을 차지하기 위해 점심도 거른 채 쉬지 않고 걸었다. 오후의 작열하는 태양 아래서도 그는 오로지 앞으로만 내달렸다. 아무리 걸어도 갑부의 땅은 끝이 보이지 않았다.

"조금만 더, 조금만 더 앞으로 나가자……."

좀 더 많은 땅을 차지하기 위해 바홈은 출발점으로 돌아가야 한다는 생각은 접어 두고 오로지 앞으로만 나아갔다.

태양의 열기가 수그러들면서 점점 서쪽으로 기우는 것을 보고서야 그는 정신이 번쩍 들었다.

"아, 이젠 돌아가야겠구나."

그러나 이미 바홈은 너무 멀리 와 있었다. 그는 처음에 출발했던 곳을 향해 뛰기 시작했다. 물 몇 모금 외에는 하루 종일 먹은 것도 없어 기운이 없었다.

"이렇게 많은 땅을 포기할 수는 없지……."

그는 이를 악물고 뛰었다. 온몸은 땀으로 범벅이 되고 두 다리에는 감각도 없었다. 사력을 다해 출발점으로 돌아오자 갑부가 그를 맞았다.

"축하하오. 지금까지 밟았던 땅은 이제 당신 것이 됐소."

그러나 바홈은 갑부의 말을 들을 수가 없었다. 이미 그의 몸은 싸늘하게 식어가고 있었다.

결국 바홈은 그가 차지하려던 넓은 땅 중에, 겨우 그의 시신이 묻힐 작은 땅만을 차지한 채 영원히 쉴 수 있는 세상으로 떠나고 말았다.

모두가 살 수 있는 길

자왈 불관고애 하이지전추지환
子曰 不觀高崖, 何以知顚墜之患.

불임심천 하이지몰익지환
不臨深泉, 何以知沒溺之患.

불관거해 하이지풍파지환
不觀巨海, 何以知風波之患.

공자가 말하였다. 높은 낭떠러지를 보지 않으면 어찌 굴러떨어지는 환란을 알 것이고,
깊은 샘에 가지 않으면 어찌 빠져 죽을 환란을 알 것이며,
큰 바다를 보지 않으면 어찌 풍파의 환란을 알 것인가.

— 성심편

수십 마리의 이가 돼지 몸의 한 곳에만 붙어 서로 심하게 다투고 있었다. 그때 다른 한 마리의 이가 지나가다가 그들이 싸우는 것을 보고 까닭을 물었다.

"돼지의 몸은 넓고도 넓은데 도대체 왜들 싸우는 것이오?"

그러자 이 한 마리가 나서며 말했다.

"우리는 더욱 많은 피를 빨아먹기 위해 돼지의 살찐 곳을 차지하려고 다투고 있는 중이오."

지나가던 이는 한심하다는 표정을 지으며 충고했다.

"이것 보시오. 앞으로 며칠 있으면 섣달그믐이 된다는 사실을 모르

오? 그때가 되면 사람들은 제사를 지내기 위해 그 돼지를 불에 그슬릴 것이오. 그렇게 되면 당신들도 함께 타 버릴 텐데, 그런 큰 환란은 근심하지 않고 왜 싸우고만 있는 것이오?"

돼지 몸에 달라붙어 있던 이들은 그 말을 듣고 서로 힘을 합해 돼지의 온몸에 퍼져 피를 빨아먹기 시작했다.

사흘이 지나자 돼지는 몸이 바짝 말라붙어 제물로 바쳐지기도 전에 죽고 말았다.

은혜를 잊지 않은 문지기

경 행 록 왈 　은 의 광 시 　인 생 하 처 불 상 봉 　수 원 막 결
景行錄曰 恩義廣施. 人生何處不相逢, 讐怨莫結.

노 봉 협 처 　난 회 피
路逢狹處, 難回避.

《경행록》에서 말하였다.
은혜와 의리를 널리 베풀어라. 인생 어느 곳에서든 서로 만나지 않으랴?
원수와 원한을 맺지 말라. 길 좁은 곳에서 만나면 피하기가 어렵지 않은가.

– 계선편

공자가 위衛나라 재상으로 있을 때의 일이다.

옥리獄吏로 일하던 제자 자고子皐가 어느 죄인의 발목을 자른 일이 있었다. 그 후 발목을 잘린 죄인은 문지기가 됐다. 그 무렵 공자를 시기하는 자가 있었는데, 모함을 꾸며 공자가 난을 일으키려 한다고 군주에게 일러바쳤다.

"공자와 그 일행을 모두 잡아들여라!"

군주는 체포령을 내렸으나, 공자와 그의 제자 일행은 모두 달아났다. 공자 일행 중에 마지막으로 자고가 성문을 빠져나가려 했으나 포졸들이 단단히 지키고 있었다.

그때, 자고에게 발목을 잘린 문지기가 다가왔다.

"이쪽으로 피하시오."

문지기는 자고를 구석진 곳에 숨겼다. 자고가 문지기에게 물었다.

"일전에 나는 법령을 받들어 당신의 발목을 잘랐소. 그때 당신은 나를 대단히 원망했을 터이고, 이제 그 복수를 할 기회가 왔는데 왜 나를 도와준 것이오? 덕분에 목숨을 건져 고맙기는 하지만, 그 연유가 궁금하오."

문지기가 대답했다.

"제가 발을 잘린 것은 그에 상당하는 죄를 지었기 때문입니다. 그러므로 당연히 벌을 받아야 했지요. 하지만 당신은 그때 나를 처단하면서 여러 차례 법령을 살폈고, 또 저를 변호하여 형을 감해 주려고 애를 썼습니다. 결국 판결이 확정되자 당신은 몹시 안타까워했습니다. 이는 저에 대한 사사로운 인정 때문이 아니라 당신의 천성이 인자하기 때문입니다. 그래서 지금 당신을 도운 것입니다."

자고는 문지기의 말을 듣고서야 고개를 끄덕였다.

절개가 굳은 여인의 이야기

도미都彌는 백제에서 태어난 사내로서, 비록 배운 것은 부족했으나 의리에 밝았다. 그의 아내는 용모가 뛰어나고 품행이 바르고 점잖았으며, 마음씨 또한 비단결 같아 세상 사람들의 칭송이 자자했다.

하루는 백제의 개루왕이 도미를 불러 물었다.

"그대의 부인은 품행이 곧고 마음이 정결하다고는 하나, 만약 어둡고 사람이 없는 곳에서 교묘한 말로 유혹한다면 아마도 마음이 움직일 것 같지 않은가?"

도미가 대답했다.

"그렇지 않습니다. 제 아내는 결코 두 명의 지아비를 섬기지 않을 것입니다."

"오, 그토록 자신할 수 있는가?"

"예."

개루왕은 도미의 아내를 시험하고자 그를 궁 안에 머물게 한 다음 그녀를 만나러 갔다. 그런데 왕은 직접 도미의 집으로 가지 않고, 중간에 머물러 있으면서 그녀에게 전령을 보내 이렇게 구슬렸다.

"과인은 평소 그대를 흠모하고 있었는데, 마침 오늘 도미와 내기를 해 그대를 얻게 됐다. 오늘 밤 동침한 후 내일은 그대를 궁으로 데려가서 궁인으로 삼으려 하니 이제부터 그대의 몸은 내 것이다."

그 말이 거짓임을 눈치챈 도미의 아내는 순간적으로 위기를 모면하기 위해 한 가지 꾀를 냈다.

"알겠습니다. 먼저 방으로 들어가 계십시오. 몸을 씻고 금방 들어가겠습니다."

하지만 그녀는 그곳을 물러 나와 계집종을 곱게 단장시켜 왕이 있는 방으로 들여보냈다.

방으로 들어온 여인이 도미의 아내가 아니라는 사실을 알게 된 개루왕은 크게 노하여 도미의 눈알을 뽑아 버린 뒤, 작은 배에 실어 바다 위로 띄워 보냈다. 그러고는 도미의 아내를 끌어내어 강제로 범하려 했다.

그때 도미의 아내가 개루왕에게 침착하게 말했다.

"이미 남편조차 잃었으니 이제 누굴 믿고 살겠습니까? 왕께서 이 몸을 사랑해 주신다니 더없는 영광입니다. 그러나 오늘은 몸에 경도經度가 있어 깨끗하지 못하니 며칠만 기다려 주십시오."

왕은 그녀의 말을 믿고 허락을 내렸고, 도미의 아내는 그 길로 강가로 도망쳤다. 그러나 배가 없어 강을 건널 수가 없었다. 그래서 하늘에 빌면서 통곡을 하자 어디선가 조각배가 나타났다. 그녀는 재빨리 배를 타고 천성도泉城島라는 섬에 다다랐다. 그리고 그곳에서 아직 숨이 남아 있는 남편을 만나 고구려로 도망가 살았다.

其婦德者 清貞廉節 守分整齊 行止有恥 動靜有法 此爲婦德也
기부덕자 청정염절 수분정재 행지유치 동정유법 차위부덕야

婦容者 洗浣塵垢 衣服鮮潔 沐浴及時 一身無穢
부용자 세완진구 의복선결 목욕급시 일신무예

此爲婦容也
차위부용야

婦言者 擇師而說 不談非禮 時然後言 人不厭其言
부언자 택사이설 부담비례 시연후언 인불염기언

此爲婦言也 婦工者 專勤紡績 勿好暈酒 供具甘旨 以奉賓客
차위부언야 부공자 전근방적 물호운주 공구감지 이봉빈객

此爲婦工也
차위부공야

부덕이란 절개가 곧고 분수를 지키며, 몸가짐을 고르게 하고
한결같이 얌전하게 행하며, 행실을 법도에 맞게 하는 것을 말한다.
부용이란 먼지나 때를 깨끗이 빨아 옷차림을 정결하게 하고,
목욕을 제때 하여 몸에 더러움이 없게 하는 것이다.
부언이란 말을 가려서 하며, 예의에 어긋나는 말은 하지 않고
꼭 해야 할 말만 하여 사람들이 그 말을 싫어하지 않도록 하는 것이다.
부공이란 길쌈을 부지런히 하되, 술을 빚어내는 일을 좋아하지 않고
좋은 맛을 갖추어서 손님을 접대하는 것이다.

화와 복은 돌고 도는 것

자왈 사생유명 부귀재천

子曰 死生有命, 富貴在天.

공자가 말하였다. 죽고 사는 것은 운명에 달려 있고, 부자가 되고 귀하게 되는 것은 하늘에 달려 있다.

– 순명편

옛날 중국의 북방에 사는 이민족을 통틀어 오랑캐라고 불렀다. 오랑캐는 한족漢族이 귀찮아하면서도 한편으론 두렵게 여기던 족속이었다. 그 북방의 변경 지역에 점을 잘 치는 노인이 살고 있었다.

어느 날, 노인이 기르던 말馬이 아무 까닭도 없이 오랑캐 땅으로 넘어갔다. 당시 말은 오랑캐와 싸움이 벌어지게 되면 매우 긴요하게 사용됐는데, 그런 말이 도망갔기 때문에 이웃 사람들이 찾아와 노인을 위로했다.

그러나 노인은 조금도 애석한 표정을 짓지 않은 채 이렇게 말했다.

"내 말이 달아난 일은 안타까운 일이지만, 꼭 불행하다고만 여길 수는 없는 일이오. 혹시 이 불행한 일이 복福으로 바뀔지 누가 알겠소?"

이 일이 있고 난 뒤 몇 달이 지난 어느 날이었다.

오랑캐 땅으로 도망갔던 노인의 말이 그 땅에 살고 있던 준마 하나를 데리고 돌아왔다.

너무 경사스런 일이라 이웃 사람들이 찾아와 노인에게 축하의 인사를 전했다. 그러나 이번에도 노인은 담담한 표정으로 말했다.

"그렇게 좋아할 일만은 아니오. 혹시 이 복이 불행으로 바뀔지 누가 알겠소?"

그로부터 얼마 뒤 노인의 아들이 말을 타다가 떨어져서 발목이 부러지게 됐다. 그러자 이웃 사람들이 찾아와 노인을 위로했다.

노인은 여느 때와 마찬가지로 담담하게 말했다.

"지금 내 아들이 다친 것은 안타까운 일이지만, 이 일이 다시 복으로 돌아올지 어찌 알겠소?"

그런데 정말 얼마 지나지 않아 오랑캐들이 쳐들어왔고, 마을의 젊은이들은 모두 전쟁터로 끌려가게 됐다. 그 젊은이들은 대부분 싸움터에서 전사하고 말았다. 하지만 노인의 아들은 절름발이인 탓에 징집 대상에서 제외되어 목숨을 건질 수가 있었다.

여우와 포도밭

미 귀 삼 척 토　난 보 백 년 신　이 귀 삼 척 토　난 보 백 년 분
未歸三尺土, 難保百年身. 已歸三尺土, 難保百年墳.

석 자 되는 땅속으로 돌아가지 않고서는 백 년의 몸을 보전하기 어렵고,
이미 석 자 되는 땅속으로 돌아가서는 백 년 동안 무덤을 보전하기 어렵다.

– 성심편

옛날에 여우 한 마리가 포도밭 옆을 서성거리고 있었다. 여우는 어떻게든 포도밭 안으로 들어가려고 하는 중이었다. 그러나 울타리가 너무 촘촘하게 세워져 있어서 좀처럼 들어갈 수가 없었다.

'반드시 저 포도를 먹고 말 거야.'

그래서 여우는 3일간 단식을 했다.

'음, 이 정도면 되겠지…….'

그래도 울타리 안으로 들어가기에는 몸이 비대했다.

여우는 다시 이틀을 더 굶었다. 그렇게 살을 뺀 다음 여우는 간신히 울타리 사이를 비집고 포도밭 안으로 들어갈 수 있었다.

"우와, 이 많은 포도를 어떻게 다 먹지."

여우는 행복한 고민을 하고 있었다. 온 천지가 포도였다. 여우는 쉬지 않고 포도를 먹어 치웠다. 그러기를 사흘이 지났다. 이제 여우의 몸은 단식을 하기 전과 똑같아졌다.

"이제 먹을 만큼 먹었으니 울타리 밖으로 나가야겠군."

하지만 몸이 다시 불어 울타리를 빠져나갈 수가 없었다. 그래서 할 수 없이 또 3일간 단식을 하고 살을 뺀 다음 울타리 사이를 비집고 나왔다.

여우는 문득 허무함을 느꼈다.

"결국 내 몸집은 들어갈 때나 나올 때나 똑같이 되고 말았군."

사람의 삶도 이것과 다를 것이 무엇인가. 벌거숭이로 태어나 다시 벌거숭이로 떠나게 된다. 단지 사람은 죽어서 가족과 부와 선행, 이 세 가지를 세상에 남긴다. 그러나 선행 이외의 것을 남기려 해서는 안 된다.

혀의 이중성

구시상인부 언시할설도 폐구심장설 안신처처뢰
口是傷人斧, 言是割舌刀. 閉口深藏舌, 安身處處牢.

입은 사람을 상하게 하는 도끼요, 말은 혀를 베는 칼이니,
입을 막고 혀를 깊이 감추면 몸이 어느 곳에 있으나 편안할 것이다.

– 언어편

한 행상이 거리를 쏘다니며 큰 소리로 외치고 있었다.

"인생을 현명하게 살 수 있는 비결을 사실 분 없습니까?"

그러자 사람들이 구름 떼처럼 몰려들었다.

"돈은 얼마든지 줄 테니 내게 그 비결을 파시오!"

"내게 파시오!"

행상은 사람들에게 조용히 하라고 말한 뒤, 그 비결을 모든 사람에게 골고루 나누어 주겠다고 말했다. 이윽고 사람들이 잠잠해지자 높은 곳에 올라가 이렇게 말했다.

"인생을 현명하게 사는 방법은 그리 어려운 것이 아니오. 바로 각자 자신의 혀를 조심하는 것이오."

한 부자가 하인을 불러 심부름을 시켰다.

"시장에 가서 가장 비싸고 맛있는 것 좀 사 오너라."

그러자 하인은 시장으로 달려가서 혀를 사 왔다.

며칠 후, 부자가 다시 하인에게 심부름을 시켰다.

"오늘은 시장에 가서 가장 값싼 것을 사 오너라."

그랬더니 하인은 이번에도 혀를 사왔다.

부자가 의아하게 여겨 하인에게 물었다.

"가장 비싸고 맛있는 것을 사 오라고 해도 혀를 사 오고, 가장 값싼 것을 사 오라고 해도 혀를 사 오니, 도대체 어찌 된 일이냐?"

하인이 대답했다.

"혀가 비싸고 좋기로 치자면 그 이상 가는 것이 없습니다. 하지만 값싸고 나쁘기로 칠 때도 그보다 더한 것은 없습니다. 그래서 혀를 사 온 것입니다."

독을 품은 새와 뱀

성리서 운 접물지요 기소불욕 물시어인
性理書 云 接物之要, 己所不欲, 勿施於人.

행유부득 반구제기
行有不得, 反求諸己

《성리서》에서 말하였다. 사물을 대하는 요체는, 자기가 하기 싫은 일은 남에게 베풀지 말고, 행하고서도 얻지 못하는 것이 있거든 자기에게서 원인을 찾아라.

– 성심편

짐새라는 새가 있었다. 세상 사람들은 이 새가 독사를 잡아먹기 때문에 독을 품고 있을 거라고 믿었다.

어느 날, 짐새가 독사를 만나자 부리를 세우며 대들었다. 그러자 뱀이 놀라면서 짐새에게 말했다.

"세상 사람들이 그대를 독이 있는 새라고 하는 것은 나를 잡아먹기 때문이라네. 그러니 그대가 나를 잡아먹지 않는다면 독이 있다는 소리를 듣지 않을 게 아닌가?"

그러자 짐새가 웃으며 말했다.

"그래서 너를 잡아먹지 말라고?"

"그렇지."

"하지만 너는 일부러 사람을 물어 독을 퍼뜨리잖아?"

"그렇긴 하지만……."

뱀이 우물거렸다.

"너나 나나 어차피 사람들한텐 독이 있는 동물로 각인됐어. 그러므로 우리에게 독이 있다는 사실은 이미 중요한 게 아니야. 그런데 네가 독이 있으니 잡아먹지 말라는 얘기는 너의 얄팍한 속임수일 뿐이야."

"하지만 나를 잡아먹는다고 사람들에게 그리 도움을 줄 수는 없잖아?"

"그렇지 않아. 적어도 나는 너를 잡아먹는 명분이 있어. 너는 일부러 사람을 물어 독을 퍼뜨리지? 네가 사람에게 해를 끼치는 것을 막기 위해 너를 잡아먹음으로써 독이 퍼지는 것을 막았다면 사람들이 좋아하지 않을까?"

자기 입장만을 내세우려던 뱀은 아무 대답도 하지 못했고, 짐새는 얼른 뱀을 쪼아 먹었다.

70년 후

자왈 견선여불급 견불선여탐탕
子曰 見善如不及, 見不善如探湯.

공자가 말하였다. 착한 것을 보거든 아직도 부족한 듯이 행하고,
악한 것을 보거든 끓는 물을 만지듯이 행하라.

– 계선편

매우 연로한 한 노인이 자기 집 뜰에다 나무를 심고 있었다. 마침 지나가던 한 사내가 그 광경을 보고 노인에게 물었다.

"어르신, 이 나무가 열매를 맺으려면 얼마나 지나야 할까요?"

노인은 일손을 멈추지 않은 채 대답했다.

"글쎄, 모르긴 해도 한 70년은 지나야 할 걸."

사내가 고개를 갸웃하며 다시 물었다.

"어르신께서 70년 후까지 사실 수 있겠어요?"

그 말에 노인은 삽질을 잠시 멈추고 허리를 세웠다.

"물론 그때가 되면 나는 이미 죽고 없겠지."

"그런데 왜 나무를 심고 계시죠? 어차피 이 나무의 열매를 드시지도

못할 텐데요?"

사내는 다소 의문스럽다는 표정을 지었다.

그러자 노인이 다시 삽질을 계속하며 대답했다.

"내가 태어났을 때 이 마당에는 나무에 과일이 주렁주렁 매달려 있었다네. 그 나무는 내 할아버지의 할아버지가 심은 것이었지. 나는 그 열매를 맛있게 따먹으며 자랐다네."

노인은 구덩이 속에 나무를 넣고는 흙을 덮기 시작했다.

"그래서 나도 내 할아버지들처럼 손자들을 위해 지금 나무를 심고 있는 거라네."

노인은 마지막으로 나무에 물을 준 뒤 사내를 쳐다보며 말했다.

사나이는 그제야 자신의 생각이 어리석었음을 깨달았다.

토끼를 기다린 농부

범희무익 유근유공
凡戲無益. 惟勤有功.

무릇 유희는 이익이 없고, 오직 부지런한 것만이 공이 이루어진다.

– 정기편

어떤 농부가 밭을 갈고 있는데, 숲에서 갑자기 토끼 한 마리가 뛰어나왔다.

그런데 토끼는 너무 급히 뛰어나오는 바람에 쓰러진 나뭇가지에 목이 걸려 죽고 말았다. 농부는 얼른 달려가 토끼를 주워 그물망에 담았다.

집에 돌아온 농부는 가만히 생각하니, 힘들게 농사를 짓기보다는 가만히 앉아 있다가 오늘처럼 토끼나 주워 오는 편이 훨씬 나을 것 같았다.

그래서 다음 날부터 농사는 때려치우고 밭둑에 앉아 토끼가 튀어나오기만을 기다렸다.

하지만 그날 이후 토끼는 한 마리도 튀어나오지 않았다. 몇 달이 지나도록 농부는 토끼를 기다렸고, 어느새 농부의 밭에는 잡초가 무성하게 자라 있었다.

明心寶鑑

2

마음을 다스리려면

환어와 선비

남 상 도 상 신 　망 동 반 치 화
濫想徒傷身, 妄動反致禍.

분수에 넘치는 생각은 몸을 상하게 할 뿐이요, 허망한 행동은 재앙만 불러일으킨다.

– 안분편

공자의 제자인 자사子思가 위나라에 있을 때의 일이었다.

환어라는 물고기가 있는데, 그 고기는 크기가 엄청나고 낚시에 걸려들지 않기로도 유명했다. 제나라에서는 환어를 잡아 오는 자에게는 벼슬을 내리겠다는 영이 내려진 상태였다.

그런데 벼슬에 눈이 먼 어떤 선비가 며칠간 강에서 낚시를 하다가 마침내 환어를 잡고야 말았다. 선비가 낚아 올린 환어는 그 크기가 수레만큼이나 컸다.

그 소식을 듣고 자사가 그에게 찾아가 물었다.

"환어는 잡기 어려운 고기라고 들었는데 어떻게 잡아 올렸소?"

선비가 신이 나서 대답했다.

"머리를 좀 썼지요. 처음에 낚시를 드리우면서 물고기 한 마리를 미끼로 썼습니다. 그런데 환어는 그림자도 비치지 않았습니다."

"그래서 어떻게 했소?"

"그다음에는 닭 한 마리를 미끼로 썼지요. 그랬더니 환어가 얼씬거리기는 하지만 낚시를 물지는 않았습니다."

"그래서 어떻게 했소?"

"이번에는 돼지를 미끼로 썼습니다. 그랬더니 환어가 마침내 덥석 물었습니다."

이 말을 듣고 자사가 탄식하며 말했다.

"환어는 낚시에 걸려들지 않기로 유명한 고기지만 욕심 때문에 미끼를 물고 선비는 봉록에 눈이 어두워 마음을 그르쳤구나……."

마음을 다스려 화를 피하는 법

정 심 응 물 수 불 독 서 가 이 위 유 덕 군 자
定心應物雖不讀書, 可以爲有德君子.

마음을 안정시켜 사물에 응할 수 있다면 비록 글을 읽지 않았더라도 덕이 있는 군자가 될 수 있다.

– 정기편

서문표西門豹라는 사람은 성미가 매우 급했다.

그래서 그는 자신의 성미를 고치기 위해 항상 부드러운 채찍을 허리에 차고 다니면서 마음이 급해지려고 할 때마다 그것을 보면서 진정했다.

반대로 동안우董安于라는 사람은 마음이 지나치게 느긋했다.

그래서 그는 활시위를 항상 옆구리에 차고 다니면서 자신의 마음이 느슨해지려고 할 때마다 그것을 보면서 긴장했다.

해부도와 공동묘지

자왈 박학이독지 절문이근사 인재기중의
子曰 博學而篤志, 切問而近思, 仁在其中矣.

공자가 말하였다. 널리 배워서 뜻을 두텁게 하고,
간절하게 묻고 가까운 것부터 생각하면 인(어짊)이 바로 그 안에 있다.

— 근학편

이탈리아의 화가이자 조각가인 레오나르도 다 빈치는 대단히 학구적인 사람이었다. 그는 자신을 철두철미하게 조사하고 검증한 뒤, 어떤 확신을 가진 다음에야 작업에 들어가는 성격이었다.

그가 남긴 작품 중에는 인체 해부도가 있다. 이 해부도는 어찌나 정교한지 마치 사진을 보는 듯한 착각을 불러일으킬 정도다. 그런데 당시에는 사람의 몸을 해부하는 것 자체가 죄악이었기 때문에 해부도를 그린다는 것은 상상도 할 수 없는 일이었다.

그러나 다 빈치는 일단 해부도를 그리겠다고 마음먹은 이상 대충 그릴 생각은 추호도 없었다. 그의 성격상 시신을 해부해서 자기 눈으로 확인하기 전에는 작업에 들어갈 수가 없었다. 결국 다 빈치는 사람

들의 눈을 피해 한밤중에 공동묘지로 가서 시체를 파낸 뒤 촛불로 비춰 가며 일일이 메모를 한 뒤에야 작업에 들어갔다.

한번은 교회 강단 뒤에 하느님의 성령이 깃든 그림을 그려 달라는 부탁을 받은 적이 있었다. 이번에도 다 빈치는 금방 작업에 들어가지 않았다. 매일 들과 바다로 돌아다니며 스케치북에 뭔가를 그려 넣기만 했다. 하루는 그림을 부탁한 교회의 신자들이 다 빈치의 스케치북을 펼쳐 보았다. 그랬더니 그 안에는 바다를 나는 갖가지 새를 비롯하여 들판에서 일하는 농부 따위의 그림만 가득했다. 이를 보자 신자들은 크게 화를 내며 다 빈치를 다그쳤다.

"이것은 하느님을 모독하는 것이요. 어떻게 이처럼 엉뚱한 그림을 성스러운 교회에 걸 수 있단 말이오? 우리가 부탁한 일은 없던 것으로 합시다."

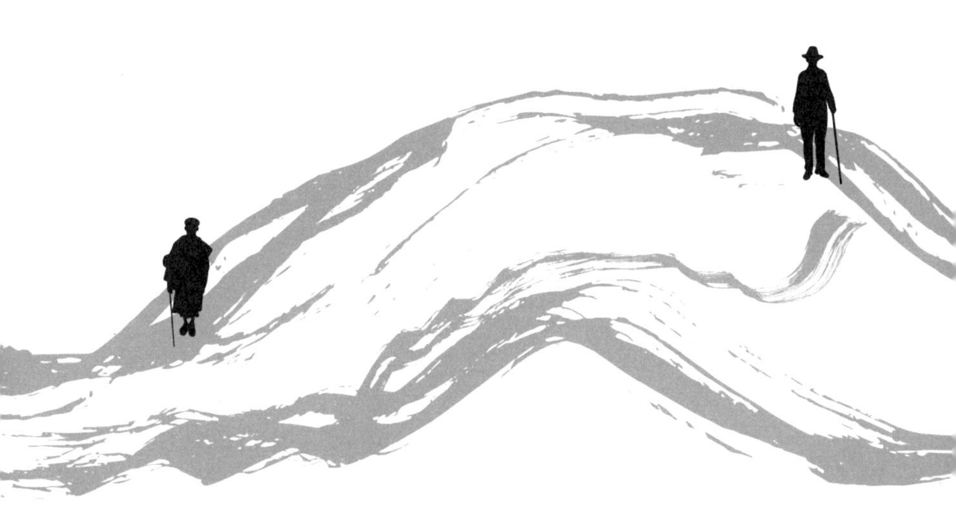

그러나 다 빈치는 신자들을 바라보며 침착한 어조로 말했다.

"여러분은 바다 위를 날고 있는 새나 들판에서 일하는 농부에 대해서 얼마나 알고 있습니까? 새와 농부도 하느님의 창조물이며, 지금 이 순간에도 하느님은 애정을 가지고 그들을 보살피고 계십니다. 나 역시 지금까지 내가 그리고자 하는 대상에 애정을 가지고 살펴보았을 뿐입니다. 그동안 나는 엉뚱한 일을 한 적이 없으며, 오직 여러분이 부탁한 그림을 그릴 생각만 하고 있었습니다."

다 빈치의 말을 듣고 신자들은 고개를 숙인 채 아무 말도 하지 못했다.

마당에서 용변을 본 까닭은

●

욕심 많은 부잣집에 머슴 하나가 살고 있었다.

하루는 머슴이 부자 주인의 소유의 산으로 올라가 땔감 한 짐을 해서 집으로 돌아왔다.

'오늘은 평소보다 나무를 더 해 왔으니 내가 좀 가져다 때야겠다.'

머슴은 그렇게 생각하고는 나뭇단 하나를 자기 방 아궁이에 넣고 불을 지폈다. 그런데 주인이 지나가다가 머슴이 제 방에 불을 지피는 것을 보고는 득달같이 쫓아와 욕설을 퍼부어 댔다.

"이놈아! 네가 베어 온 나무라고 해서 네 마음대로 쓰는 것이냐? 산속에 있는 것들은 비록 하찮은 풀 한 포기라도 다 내 것이란 사실을 잊었단 말이냐? 네 몸뚱이도 내 것이나 마찬가지인데, 괘씸한 놈 같으니!"

머슴은 자기 몸뚱이도 부자의 소유라는 말을 듣자 기가 막혔지만, 점잖게 대꾸하고 물러났다.

"알겠습니다. 주인님. 제가 잘못했습니다."

이튿날, 머슴은 일어나자마자 용변이 급해 방문을 열고 뛰쳐나왔다. 그런데 머슴은 뒷간으로 가지 않고 주인의 방이 있는 마당으로 달려갔다. 그러고는 마당 한가운데서 바지를 내리고 쪼그리고 앉아 똥을

누기 시작했다.

잠시 후, 주인이 방문을 열고 나오다가 머슴이 하고 있는 짓을 보게 됐다.

"저, 저, 저런 고얀 놈이 있나? 지금 거기서 뭘 하고 있는 거냐. 이놈아!"

주인은 온몸을 부르르 떨며 어쩔 줄을 몰라 했다. 그러나 머슴은 주인이 떠들거나 말거나 천천히 볼일을 다 보고 밑까지 닦은 다음에 일어나 바지를 추슬렀다. 그러고는 주인을 향해 이렇게 물었다.

"주인님, 정말 제 몸뚱이가 주인님의 것입니까?"

"그걸 말이라고 하느냐!"

주인은 목에 핏줄을 세우며 소리쳤다. 그러나 머슴은 입가에 웃음을 머금은 채 너스레를 떨었다.

"그렇다면 제가 여기서 용변을 보는 것은 당연하지 않습니까?"

"뭐, 뭐야? 이놈이 실성을 했나!"

"저는 집 밖에 있는 뒷간으로 가서 용변을 보려고 했었습니다."

"그런데 왜 내 방 앞에 와서 냄새를 풍겼느냐? 이 못된 놈아."

"지금은 퇴비를 줘야 하는 철이기 때문에 똥오줌도 귀한 것이 됐습니다. 그래서 사람들은 남의 집 뒷간에 몰래 들어가 도둑질을 하기도 한답니다. 만약 제가 뒷간에다 용변을 보았는데 누가 퍼 가기라도 하면 어쩝니까? 제 몸뚱이에서 나온 똥이니 그것도 주인님 것이 아니겠습니까? 저는 단지 주인님 것을 도둑질당하면 안 되겠다 싶어서 여기서 용변을 본 것뿐입니다."

그 말을 듣고 주인은 얼굴이 붉으락푸르락 달아올랐지만 뭐라 대꾸할 말이 없어 가슴만 쥐어뜯고 있었다.

자허원군 성유심문왈 복생어청검 덕생어비퇴 도생어안정
紫虛元君 誠諭心文曰 福生於清儉 德生於卑退 道生於安靜
명생어화창 우생어다욕 화생어다탐 과생어경만 죄생어불인
命生於和暢 憂生於多慾 禍生於多貪 過生於輕慢 罪生於不仁
계안막간타비 계구막담타단 계심막자탐진 계신막수악반
戒眼莫看他非 戒口莫談他短 戒心莫自貪嗔 戒身莫隨惡伴

자허원군의 《성유심문》에서 말하였다.

복은 검소하고 맑은 데서 생기고, 덕은 겸손하고 사양하는 데서 생기며,
도는 편안하고 고요한 데서 생기고, 생명은 화창한 데서 생긴다.
근심은 욕심이 많은 데서 생기고, 재앙은 탐욕이 많은 데서 생기며,
과실은 경솔하고 교만한 데서 생기고, 죄악은 어질지 못한 데서 생긴다.
눈을 경계하여 다른 사람의 그릇됨을 보지 말고,
입을 경계하여 다른 이의 결점을 말하지 말고, 마음을 경계하여 탐내고 성내지 말며,
몸을 경계하여 나쁜 벗을 따르지 말라.

금화 열 냥의 행방

지족자 빈천역락 부지족자 부귀역우
知足者, 貧賤亦樂. 不知足者, 富貴亦憂.

만족함을 아는 사람은 가난하고 천하여도 즐거울 것이요,
만족함을 모르는 사람은 부하고 귀하여도 근심할 것이다.

– 안분편

도무지 만족이라고는 모르고 사는 영감이 있었다. 그는 고리대금업을 하며 수많은 사람의 돈을 착취하는 자였다.

하루는 건넛마을로 빚을 받기 위해 하인 하나를 거느리고 길을 떠났다. 고개 하나를 넘고 강 하나를 건너자 그는 다리가 아팠다.

"여기서 잠시 쉬어 가자."

영감은 하인에게 그렇게 말하고 나무 밑에 앉았다.

"아니? 내 금화가 전부 어디 갔지?"

영감은 집을 나설 때 금화 열 냥을 지갑에 넣어 가지고 나왔는데, 지갑 주머니가 열려 금화를 모두 잃어버리고 만 것이었다.

그때 저만치에서 늙은 농부 하나가 헐레벌떡 달려오고 있었다.

"제가 뒤에서 보니 금화를 떨어뜨리고 가셨더군요. 그래서 제가 주워 왔습니다. 여기 있습니다."

농부는 영감에게 금화를 돌려줬다. 그러자 영감의 눈이 한순간 반짝 빛났다. 뭔가 꿍꿍이가 있는 눈치였다.

영감은 농부가 전해 준 금화를 세어 보더니 갑자기 소리를 버럭 질렀다.

"분명히 이 지갑 속에는 금화 스무 냥이 들어 있었는데, 왜 열 냥밖에 건네주지 않은 것이냐? 어서 나머지 열 냥도 내놓아라."

적반하장 격이었다. 어리둥절해진 늙은 농부가 얼굴이 노랗게 질린 채 손을 내저으며 말했다.

"저는 절대 갖지 않았습니다. 제가 주운 금화는 분명히 열 냥이었습니다."

"말로는 안 되겠군. 관가로 가자. 혼 좀 나야 바른말을 할 것 같군."

이렇게 해서 늙은 농부는 허리춤을 잡힌 채 관가로 끌려갔다.

관가에 도착해 사또가 사건의 진상을 묻자 영감은 시치미를 뚝 떼고 말했다.

"저는 분명히 스무 냥의 금화를 잃어버렸습니다. 그런데 저 늙은 농부가 갖고 온 금화는 열 냥밖에 되지 않았습니다."

사또가 늙은 농부를 쳐다보며 물었다.

"정말 금화 열 냥만을 주웠는가?"

"그렇습니다. 저는 그저 우연히 저분의 뒤를 따라가다가 금화가 떨어진 것을 보고 주워서 전해줬을 뿐입니다. 저분이 얼마를 잃어버렸는지 저는 모르는 사실입니다."

두 사람의 말이 전혀 다르니 사또는 쉽게 판결을 내리지 못했다.

잠시 생각하다가 사또는 두 사람의 옆에 있던 영감의 하인에게 물었다.

“너는 네 주인이 금화를 얼마나 가지고 있었는지 알고 있었느냐?”

영감은 하인에게 눈을 찡긋해 보이며 가볍게 고개를 끄덕였다. 눈치 빠른 하인은 잠시 생각하다가 앞으로 나서며 사또에게 말했다.

“제 주인께서는 분명히 금화 스무 냥을 잃어버리셨습니다.”

영감은 하인의 말을 듣고 흐뭇한 표정을 지었다. 그러나 그렇게 좋아할 일이 아니었다.

“분명히 스무 냥을 잃어버렸을 뿐, 저 늙은 농부가 주운 금화 열 냥은 절대로 아니었습니다. 다시 말씀드리지만, 제 주인께서는 분명히 금화 스무 냥을 잃어버리셨지 열 냥을 잃어버리신 게 아닙니다.”

사또는 하인의 증언을 듣고 문득 깨달은 바가 있어 슬며시 미소를 지으며 판결을 내렸다.

“판결을 내리겠다. 네가 잃어버린 금화가 스무 냥이라고 하니, 저 농부가 주워 온 열 냥은 네 것이 아니구나!”

“…….”

“그러므로 금화 열 냥은 농부에게 주고, 네가 잃어버린 스무 냥의 금화는 네가 알아서 찾도록 하라.”

영감은 늙은 농부에게 금화 열 냥을 빼앗긴 채 울상을 지으며 관가를 나섰다.

음치 올빼미

장자왈 어아선자 아역선지

莊子曰 於我善者, 我亦善之.

어아악자 아역선지 아기어인무악 인능어아무악재

於我惡者, 我亦善之. 我旣於人無惡, 人能於我無惡哉.

장자가 말하였다. 내게 착하게 대하는 자에게는 나 또한 착하게 대해 주고, 내게 악하게 대하는 자에게도 또한 착하게 대해 주어라. 내가 남에게 악하게 하지 않으면 남도 나에게 악하게 할 수 없을 것이다.

– 천명편

어느 산속에 희한한 울음소리를 내는 올빼미가 살고 있었다.

숲속의 동물들은 그 올빼미의 울음소리를 싫어하여, 올빼미는 늘 혼자였다.

"모두 나만 미워하니 견딜 수가 없구나. 이 산을 떠나야겠어……."

그렇게 생각하고 길을 떠나려는데 산비둘기 한 마리가 날아와 올빼미에게 물었다.

"어디로 떠나려는 겁니까?"

올빼미가 대답했다.

"모두 나만 미워하니 여기서는 도저히 살 수가 없어요. 그래서 동쪽 지방으로 한번 가 보려고요."

산비둘기가 다시 물었다.

"왜 그곳으로 가려고 하지요?"

"방금 말했잖아요? 모두 내 울음소리를 싫어해서 누구도 나와 어울리려 하지 않아요. 그래서 그 못된 동물들을 저주하며 내가 떠나려는 것입니다."

산비둘기가 잠시 생각하다가 말을 했다.

"동쪽으로 가면 그곳 동물들이 당신을 반겨 줄까요?"

"그야……."

올빼미는 대답을 하지 못했다. 산비둘기가 올빼미를 다독이며 말했다.

"동쪽으로 가도 그곳 동물들 역시 당신의 울음소리를 싫어할 거예요. 차라리 여기서 살면서 당신의 울음소리를 바꾸려고 노력하는 것이 더 낫지 않을까요?"

그 후 올빼미는 남을 미워하는 마음을 버린 채 밤낮없이 동굴에 들어가 울음소리를 가다듬었다.

불온한 뜻을 품은 자

근 사 록 운 징 분 여 고 인 질 욕 여 방 수
近思錄 云 懲忿如故人 窒慾如防水.

《근사록》에서 말하였다. 분노를 징계하기를 옛 성인처럼 하고, 욕심 막기를 물을 막듯이 하라.

– 정기편

백공승白公勝이라는 자는 오래전부터 모반을 일으킬 뜻을 가슴속에 품고 있었다.

어느 날, 그는 조정에서 물러 나와 모반의 계책을 숙고하는데, 너무 생각에 몰두한 나머지 말의 채찍을 거꾸로 쥐고 있다는 사실도 모르고 있었다. 그런데 말채찍의 뾰족한 끝부분이 그의 턱을 찔러 피가 뚝뚝 떨어지는데도 그것을 깨닫지 못했다.

이것을 전해 듣고 중신들이 왕에게 간했다.

"자기 턱에 피가 나는 줄도 모른 채 뭔가를 열심히 생각할 정도라면, 장차 무슨 일을 저지를지 모릅니다. 그자를 그대로 두어서는 안 될 것입니다."

먼저 내 허물을 탓하라

경 행 록 운 책 인 자 부 전 교 자 서 자 불 개 과
景行錄 云 責人者, 不全交. 自恕者, 不改過.

《경행록》에서 말하였다. 남을 꾸짖기만 하는 자는 온전히 사귈 수 없고,
자기를 용서하기만 하는 자는 허물을 고칠 수가 없다.

– 존심편

맹자孟子가 제齊나라 선왕宣王을 찾아갔을 때 이런 질문을 했다.

"만약 임금의 신하 가운데 자기 처자를 친구에게 부탁하고 멀리 초楚나라를 다녀왔는데, 그 친구가 자기 처자를 헐벗고 굶주리게 했다면 어떻게 하시겠습니까?"

선왕이 눈을 부릅뜨며 말했다.

"그런 자를 친구로 여길 수가 있겠소. 나는 당장 둘의 사이를 절교시키겠소."

맹자가 다시 물었다.

"그렇다면 만약 옥獄을 관리하는 수장이 자기 부하들을 잘못 다스려 죄수들이 탈옥했다면 어떻게 하시겠습니까?"

선왕이 방금 전보다 더욱 눈을 크게 뜨며 소리쳤다.

"그런 자가 있다면 당장 파면시켜야지. 아니, 그것만으로는 부족하고 아예 하옥을 시키겠소."

맹자가 또 물었다.

"그럼 나라 안이 잘 다스려지지 않아 백성들의 원성이 높아지고 있다면 어떻게 하시겠습니까?"

그러자 선왕은 얼른 답을 하지 못하고, 이리저리 두리번거리면서 딴청을 부렸다.

교각을 들이받은 물고기

인 일 시 지 분　면 백 일 지 우
忍一時之忿, 免百日之憂.

한때의 분한 것을 참으면 백 일의 근심을 면할 수 있다.

– 계성편

어느 강에 제 성질을 이기지 못하고 툭하면 성을 내는 물고기 한 마리가 살고 있었다.

하루는 이 물고기가 다리 아래에서 한가롭게 헤엄을 치고 있었다.

"오늘은 날씨가 아주 좋군. 물이 따뜻해……."

물고기는 기분이 좋아 능숙한 헤엄 솜씨로 다리 사이를 유유히 배회했다.

"어이, 오늘은 기분이 좋은가 보군."

지나가던 물고기가 덕담을 던지기도 했다.

그때 갑자기 거센 물결이 물고기 옆으로 지나갔다. 어떤 사람이 잔잔한 강물에 파문을 일으킨 것이 분명했다.

그 바람에 물고기는 그만 다리 사이의 교각을 들이받고 말았다.

"뭐야? 이 몹쓸 교각이 내 머리를 들이받았잖아!"

물고기는 발끈 화를 내며 교각에다 대고 소리쳤다.

"어서 사과해! 사과 안 해?"

물고기는 교각의 주위를 빠른 동작으로 맴돌면서 사과를 하라고 악을 썼다.

"정말 끝까지 사과 안 할 거야? 좋다, 누가 이기나 해보자."

특유의 성질이 도진 물고기는 지느러미를 세운 채 하늘을 향해 배를 드러내고 물 위로 떠올랐다. 그러고는 내내 그 자세로 교각에게 욕을 퍼부으며 떠나지 않았다.

이 광경을 하늘을 날고 있던 독수리가 발견했다. 독수리는 쏜살같이 강물을 향해 날아와 물고기를 잡아챘다. 한입에 물고기를 삼킨 독수리가 중얼거렸다.

"미친 물고기로군. '날 잡아드쇼' 하고 있는데 잡아먹지 않을 바보가 어디 있단 말인가."

천재성을 내세우지 않았던 천재

천재 음악가 슈베르트가 산책을 하던 중에 잠시 쉬려고 어느 카페로 들어갔다. 그 카페에는 마침 책꽂이가 비치돼 있어 차 한 잔을 시키고는 그곳으로 갔다.

그는 셰익스피어 전집 중에 한 권을 빼 들고 자리로 돌아왔다. 주문한 차를 마시며 그는 책을 뒤적이다 문득 머리를 스치고 지나가는 무엇이 있어 얼른 메모지를 꺼냈다. 책의 내용 중에 한 구절이 그에게 영감을 불러일으킨 것이었다.

그는 그 자리에서 메모지에 오선을 그린 다음 악상을 그려 넣기 시작했다. 집으로 돌아와 그는 본격적으로 작곡을 했고, 이렇게 해서 만들어진 곡이 그 유명한 '들어라 종달새'다.

한순간에 떠오른 영감을 즉시 곡으로 바꿀 만큼 슈베르트는 천재적이었다. 그러나 그는 한 번도 자신을 천재로 여긴 적이 없었다.

한번은 이런 일이 있었다. 그가 작곡한 곡이 연주회 무대에 올랐을 때였다. 연주가 끝나자 청중은 우레와 같은 박수를 보냈다.

"정말 대단한 곡이었습니다."

청중 한 사람이 슈베르트에게 다가와 찬사를 아끼지 않았다. 그러나 슈베르트는 겸손하게 말했다.

“저 곡은 괴테의 위대한 시 덕분에 만들어진 것입니다.”

그에게는 이처럼 자신을 낮출 줄 아는 마음이 있었기에 그가 오랫동안 많은 이에게 사랑받고 존경받을 수 있었던 것이다.

유복막향진 복진신빈궁
有福莫享盡 福盡身貧窮

유세막사진 세진원상봉
有勢莫使盡 勢盡寃相逢

복혜상자석 세혜상자공
福兮常自惜 勢兮常自恭

인생교여치 유시다무종
人生驕與侈 有始多無終

복이 있다 해도 다 누리지 말라. 복이 다하면 몸이 빈궁해질 것이요,
권세가 있다 해도 함부로 부리지 말라. 권세가 다하면 원수와 서로 만나게 된다.
복이 있거든 항상 스스로 아끼고, 권세가 있거든 항상 스스로 겸손하라.
사람에게 있어서 교만과 사치는 처음은 있으나 나중은 없는 것이다.

훌륭한 악기를 만드는 절차

일 일 청 한 일 일 선
一日淸閑一日仙.

단 하루라도 마음을 비우고 편안히 지낸다면, 그 하루는 곧 신선이다.

– 성심편

노나라의 자경이라는 사람이 나무를 깎고 다듬어 악기를 만들었다.

그 악기는 어찌나 훌륭한지 누구나 감탄했다.

노나라 왕도 그의 악기를 보고 감탄한 나머지 그에게 물었다.

"참으로 훌륭하구나. 그대는 어떤 기술을 지녔기에 이토록 훌륭한 악기를 만들었느냐?"

자경이 대답했다.

"저는 악기를 만들 때 반드시 목욕을 해 마음을 평안하게 합니다."

그런 다음 그는 말을 이었다.

그가 악기를 만드는 과정은 이러했다.

그는 목욕을 하고 사흘이 지나면, 악기를 잘 만들어 상이나 벼슬 따위를 얻어야겠다는 생각이 사라진다고 했다.

그리고 닷새가 지나면, 비난이나 칭찬을 받을 것이라는 생각도 들지 않기 때문에 일이 잘되고 안되는 따위의 결과에 대한 집착이 사라진다는 것이었다.

이레가 지나면, 자기에게 손발이나 신체가 있다는 사실조차도 완전히 잊게 되는데, 이때쯤 되면 악기 만드는 생각에만 파묻히게 되므로 마음을 번거롭게 하는 일상의 일은 완전히 잊게 된다고 했다.

이런 상태가 된 후에야 그는 비로소 산으로 들어가 나무의 성질과 생김새를 관찰하여 알맞은 나무를 찾아내고, 그것이 악기로 완성된 모습을 머릿속에서 그리게 된다는 것이었다.

자경은 이렇게 말을 맺었다.

"지금까지 말씀드린 모든 상황을 거친 뒤에야 저는 정갈한 마음으로 악기를 만들기 시작합니다. 제가 행하는 이 모든 일의 목적은 제 뜻을 하늘의 뜻과 같게 하려는 것입니다."

늙은 농부와 두 마리의 소

마 원 왈 문 인 지 과 실 여 문 부 모 지 명
馬援曰 聞人之過失, 如聞父母之名,

이 가 득 문 구 불 가 언 야
耳可得聞, 口不可言也.

마원이 말하였다. 남의 허물을 듣거든 마치 부모의 이름을 듣는 것과 같이 하여 귀로 들을지언정 입으로는 말하지 말아야 한다.

– 정기편

태조부터 세종에 이르기까지 4대에 걸쳐 임금을 모셨던 황희 정승이 젊었을 때의 일이다.

황희는 성문을 나와 들판을 거닐다가 늙은 농부와 두 마리의 소가 일을 마치고 잠시 쉬고 있는 것을 보았다. 그는 문득 호기심이 생겨 농부에게 다가가 물었다.

"노인장, 저 누런 소와 검정 소 중에 어느 것이 더 일을 잘합니까?"

그러자 농부는 깜짝 놀라 황희의 손을 잡아끌며 몇 발짝 뒤로 물러나게 했다.

"아니, 왜 그러시오?"

"쉿, 목소리를 낮추시오."

농부는 한가롭게 풀을 뜯고 있는 소들의 눈치를 살피며 황희에게 나직이 말했다.

"도대체 무엇 때문에 이렇게 소곤대는 것이요?"

"선비님 죄송합니다. 저 소들은 둘 다 일을 잘하지만 누런 소가 묵묵하게 제 할 일을 잘하는 편이지요."

농부는 여전히 낮은 소리로 황희의 귀에다 대고 속삭였다.

"그럼 그렇게 말을 해 주면 될 것을 뭐가 무서워서 귀에다 대고 속삭이는 것이오?"

"그건 선비님이 잘 모르셔서 하는 소리입니다. 아무리 말 못하는 짐승이라도 자기 허물을 듣는다면 좋을 리가 없지 않겠습니까? 그럼 저는 이만 다시 일을 하러 가야겠습니다."

그러면서 늙은 농부는 두 마리의 소를 이끌고 다시 밭으로 들어갔다.

그 순간 황희의 뇌리에는 무언가 퍼뜩 떠오르는 것이 있었다.

'아, 그렇구나. 남의 허물을 함부로 말하는 것은 자기 허물을 드러내는 것과 다를 바가 없는 것이구나.'

그런 깨달음을 얻은 황희는 그 후 평생 늙은 농부가 일깨워 준 교훈을 가슴에 새긴 채 정사에 임했다고 한다.

자아를 잊은 장자

종 과 득 과　종 두 득 두　천 망 회 회　소 이 불 루
種瓜得瓜, 種豆得豆. 天網恢恢, 疎而不漏.

오이씨를 심으면 오이를 얻고 콩을 심으면 콩을 얻는다.
하늘의 그물은 넓고 넓어서 성글기는 하지만 (모든 것을 다 지켜보지만)
새지는(사소한 것 하나라도 빠놓지는) 않는다.

– 천명편

어느 날 장자가 밤나무 밭을 지나가는데, 까치 한 마리가 그의 이마를 스치고 날아가더니 밤나무 숲에 앉았다.

"이런 몹쓸 새 같으니……."

장자는 그 까치를 잡으려고 돌멩이를 집어 든 다음 까치에게 다가갔다. 그런데 까치가 날아가 앉은 밤나무에는 매미 한 마리가 앉아 있었다. 또 그 매미 옆에는 사마귀가 앉아서 매미를 잔뜩 노리고 있었다.

사마귀는 매미를 노리고 있었고, 까치는 사마귀를 노리고 있었으며, 장자는 까치를 노리고 있는 형국이었다. 까치와 사마귀는 각자 자기가 노리고 있는 것이 있었기 때문에, 자신을 노리고 있는 것들에 대해

서는 아무런 경계도 하지 않고 있었다.

이 상황을 알게 된 장자가 슬픈 심정으로 중얼거렸다.

"아아! 생물은 이익을 좇다가 결국 몸을 버리게 되는구나."

장자는 돌멩이를 버리고 밤나무 숲을 나왔다.

그러자 이번에는 장자가 밤을 훔쳐 가는 줄 알고 밤나무 주인이 장자에게 소리쳤다.

"점잖은 양반이 몰래 밤을 훔치려 하다니!"

알고 보니 밤나무 주인은 내내 장자를 노려보고 있었던 것이다.

이 일이 있고 나서, 장자는 몹시 꺼림칙한 마음으로 사흘을 지냈다.

그러자 제자가 찾아와 물었다.

"요즈음 안색이 안 좋으신데, 무슨 고민이 있으십니까?"

장자가 대답했다.

"나는 전에 까치를 잡으려는 데 정신이 팔려서 나 자신조차 까마득히 잊어버린 적이 있었다. 하늘이 나를 내려다보고 있다는 사실을 잊어 결국 나는 밤나무 주인에게 큰 모욕을 당했지. 나는 그것이 부끄러워 견딜 수가 없구나."

마술 사과

만 사 종 관 기 복 자 후
萬事從寬, 其福自厚.

모든 일에 너그러움을 좇아서 행하면 그 복이 스스로 두터워진다.

– 정기편

옛날에 한 나라의 공주가 중병에 걸려 사경을 헤매고 있었다. 수많은 명의가 병을 고치려고 애썼지만 모두 허사였다. 그래서 왕은 공주의 병을 고쳐 주는 사람을 부마로 삼고 왕위를 계승시키겠다는 포고문을 전국에 붙이도록 했다.

이 무렵 왕궁에서 멀리 떨어진 시골에 삼 형제가 살고 있었다. 이 형제에게는 귀중한 보물이 하나씩 있었는데, 첫째는 아득히 먼 곳까지 볼 수 있는 망원경을 갖고 있었고, 둘째에게는 먼 곳이라도 순식간에 날아갈 수 있는 양탄자가 있었다. 그리고 막내는 먹기만 하면 어떤 병이든 고칠 수 있는 신기한 사과를 갖고 있었다.

어느 날, 첫째가 망원경으로 세상을 살펴보다가 공주가 중병을 앓고 있다는 포고문을 발견하게 됐다. 그가 동생들에게 이 사실을 알리자 삼 형제는 공주를 구하자고 입을 모았다. 그러고는 곧바로 둘째의 양탄자를 타고 궁궐로 날아갔다.

삼 형제가 도착했을 때 공주는 막 숨을 거두려는 순간이었다. 막내는 재빨리 마술 사과의 즙을 공주의 입안으로 흘려 넣었다. 그랬더니 공주는 언제 아팠냐는 듯이 기지개를 켜며 자리에서 일어났고, 왕을 비롯해 궁궐 안의 모든 사람이 탄성을 자아냈다.

잠시 후 연회가 베풀어지고 왕은 삼 형제 중에 누구를 부마로 삼을 것인가 생각하기 시작했다. 그때 첫째가 나서서 말했다.

"제가 망원경으로 포고문을 발견하지 못했다면 공주님은 살 수 없었을 것입니다."

둘째가 이에 반박하며 나섰다.

"제 양탄자가 없었다면 공주님이 죽기 전에 궁궐에 도착하지 못했을 것입니다."

막내도 조용히 한마디 했다.

"형님들의 말씀이 옳습니다. 형님들의 망원경과 양탄자가 없었다면 아무리 제 마술 사과가 있다 해도 공주님을 살리지 못했을 것입니다."

막내는 겸손하게 자신의 공로를 감추었다. 그러나 왕은 아무 망설임 없이 부마를 발표했다.

"공주는 막내와 결혼하게 될 것이다. 첫째와 둘째에게는 아직도 망원경과 양탄자가 그대로 남아 있다. 하지만 막내에게는 남은 것이 하나도 없다. 그는 공주를 위해 자신이 갖고 있는 전부를 내놓았기 때문이다. 그러므로 나는 막내를 내 사위로 삼을 것이다."

사람과 더불어 사는 삶

경 행 록 운 좌 밀 실 여 통 구 어 촌 심 여 육 마 가 면 과
景行錄 云 坐密室如通衢, 馭寸心如六馬可免過.

《경행록》에서 말하였다. 밀실에 앉아 있어도 마치 (사람이 많이 왕래하는) 네거리에 앉아 있는 것처럼 하고, 작은 마음을 제어하기를 마치 여섯 필의 말을 부리듯 하면 허물을 면할 수가 있을 것이다.

– 존심편

옛날에 은신초라는 풀을 애타게 구하려는 사내가 있었다.

이 풀은 대단히 신비로운 속성을 가지고 있었다. 손에 들고 있으면 마치 투명 인간처럼 다른 사람의 눈에 띄지 않는다는 전설이 내려온 것이다.

사내의 사정을 아는 어떤 사람이 장난삼아 잡풀을 은신초라고 속이며 건네줬다.

"이 풀을 들고 있으면 사람들에게 보이지 않는다네. 바로 옆에서 보아도 전혀 보이지 않으니, 무슨 행동을 하더라도 알 수가 없을 걸세."

그토록 애타게 찾던 은신초를 손에 넣은 사내는 그 풀을 들고 시장으로 나갔다.

그런 다음, 어느 가게에 들어가 아무렇지도 않게 돈을 한 움큼 집어 들고 나가려 했다. 그러자 주인이 사내의 멱살을 부여잡았다.

"이런…… 대낮에 도둑질을 하는 놈은 평생 처음 본다!"

가게 주인은 사내의 얼굴을 주먹으로 후려쳤다.

그러자 사내는 주인을 빤히 쳐다보며 말했다.

"마음대로 때려 봐라. 그래도 나는 보이지 않을걸."

"이놈이 완전히 미쳤구나."

가게 주인은 사내를 흠씬 두들겨 팬 다음 관가로 넘겼다.

사내는 결국 옥에 갇힌 뒤에야 겨우 은신초의 허상에서 벗어났다.

"아, 나는 지금까지 내 안의 허상을 붙잡고 살아왔었구나. 왜 사람과 더불어 살고 있으면서도, 사람들에게서 벗어나려고 했었을까……."

사내는 진심으로 뉘우친 뒤에야 다시 사람들의 곁으로 돌아올 수 있었다.

총명한 추남의 가르침

심불부인 면무참색
心不負人, 面無慙色.

마음속으로 남에게 꿀리는 일이 없으면 얼굴에 부끄러운 기색이 나타나지 않는다.

– 존심편

총명하고 지혜로워 모든 이에게 존경을 받고 있는 자가 있었다. 그런데 그는 얼굴이 몹시 추하게 생긴 것이 흠이었다.

어느 날 그가 로마 제국의 공주를 만나게 됐다. 공주는 그를 보자마자 웃어대기 시작했다.

"그토록 총명한 슬기가 이렇게 볼품없는 그릇에 담겨 있다니……. 호호호!"

하지만 그는 아무런 표정도 짓지 않은 채 평소와 같은 어조로 공주에게 물었다.

"공주님께서는 포도주를 어디에 담아 두십니까?"

공주가 대답했다.

"그냥 흙으로 빚은 술 항아리에 담아 두지요."

그러자 그는 짐짓 깜짝 놀라는 시늉을 하며 말했다.

"아니, 대로마제국의 궁궐에는 금 항아리도 많을 텐데 겨우 흙으로 만든 항아리에 포도주를 담아 둔단 말입니까? 궁궐의 포도주는 아주 귀한 것이니 앞으로는 금 항아리에 담아 두십시오."

이 말을 들은 공주는 당장 포도주를 금 항아리에 옮겨 담으라고 지시했다.

그런데 얼마 후, 금 항아리에 담긴 포도주는 먹을 수가 없게 됐다. 금 항아리가 포도주 맛을 상하게 했기 때문이었다.

왕은 화가 나서 공주를 심하게 꾸짖었다.

"이런 것에 술을 담는 사람이 어디 있느냐?"

왕에게 크게 꾸중을 들은 공주도 몹시 화가 나 그를 불렀다.

"도대체 왜 내게 그런 일을 시켰죠? 알고 보니 포도주는 흙으로 만든 항아리에 담아야 제맛을 유지한다는데 말이에요?"

그러자 그는 나직이 타이르듯 말했다.

"저는 단지 공주님께 아무리 귀중한 음식이라도 때로는 허름한 것에 담아야 제맛이 나는 경우가 있다는 사실을 가르쳐 드리고 싶었을 뿐입니다."

잡초를 이기지 못한 두 농부

득인차인 득계차계 불인불계 소사성대
得忍且忍, 得戒且戒. 不忍不戒, 小事成大.

참고 또 참으며 경계하고 또 경계하라. 참지 못하고 경계하지 않으면 작은 일이 크게 된다.

– 계성편

옛날에 망자라는 농부와 물자라는 농부가 있었다. 두 사람은 모두 참을성이 없었다.

어느 해 봄, 두 사람이 새로운 마음으로 농사를 시작했다.

"올가을에 누가 많이 수확을 하나 우리 내기를 할까?"

"좋다. 한번 해보자."

두 사람은 땅을 갈고 벼를 심었다.

여름이 되자 논에는 벼가 싱싱하게 자라 있었다. 그런데 벼 사이 사이에 잡초들이 자라기 시작하더니 나중에는 벼보다 잡초가 더 많아졌다.

워낙 잡초가 빨리 자라 뽑아낼 수가 없을 정도가 되자 망자라는 농부는 화가 도졌다.

"정말 신경질이 나서 농사를 못 짓겠네!"

망자라는 농부는 참다못해 벼와 잡초를 한꺼번에 벤 뒤 그 자리에 불을 놓아 태워 버렸다.

"이제야 직성이 풀리는군."

망자라는 농부의 논에는 벼가 모두 죽고 잡초만 되살아나 무성해졌다.

물자라는 농부의 논에도 잡초가 자라기는 마찬가지였다.

그도 참다못해 잡초 뽑기를 포기하고 벼와 잡초를 모두 방치해 버렸다.

"나도 지쳤다. 잡초가 되든 벼가 되든 될 대로 돼라."

시간이 지나자 벼는 쭉정이로 변하고 잡초는 더욱 무성해졌다.

가을이 되자 두 사람은 각자 자신의 들판을 바라보며 섰다. 그러나 두 사람의 논에서 수확할 쌀이라곤 한 톨도 없었다.

결국 그들은 굶어 죽을 수밖에 없었다.

明心寶鑑

3

지혜로운 자가 되려면

이상하게 생긴 두루마기

우 탁 생 진 노　개 인 리 불 통　휴 첨 심 상 화　지 작 이 변 풍
愚濁生嗔怒, 皆因理不通. 休添心上火, 只作耳邊風.

장 단 가 가 유　염 량 처 처 동　시 비 무 상 실　구 경 총 성 공
長短家家有, 炎涼處處同. 是非無相實, 究竟摠成空.

어리석고 똑똑하지 못한 자가 성을 내는 것은 이치를 알지 못하기 때문이다.
마음 위에 화를 더하지 말고 다만 귓전을 스치는 바람결로 여겨라.
잘하고 잘못함은 집집마다 있는 법이요,
따뜻하고 싸늘함은 곳곳이 다 마찬가지이다. 옳고 그름이란 본래 실상이 없는 것이어서
마침내는 모두가 부질없는 것이 되고 만다.

– 계성편

성질이 고약해 툭하면 성을 내고 트집을 잡는 벼슬아치가 있었다. 그는 조금만 자기 마음에 들지 않으면 사소한 것에도 크게 화를 내며 소리를 질러 댔다.

하루는 새 두루마기를 지으려고 재봉사를 집으로 불렀다.

"며칠 후에 전하를 뵐 것이니, 그때 입을 옷을 한 벌 짓도록 하라. 아, 그리고 전하를 뵌 뒤에는 민정을 살피러 나가야 하니 일반 백성들을 만날 때 입을 새 옷도 한 벌 짓도록 하라."

"예, 알겠습니다."

재봉사는 시큰둥한 말투로 대답하고 물러 나왔다. 그는 이미 그 집 대감이 어떤 사람인지 잘 알고 있었기 때문이었다. 힘들게 일을 해주고도 품삯은커녕 욕이나 얻어먹지 않으면 다행이었다.

얼마 전에도 두루마기를 해 준 적이 있는데 앞섶이 길지 않으면 뒷자락이 짧다고 트집을 잡았었다. 그때도 품삯은커녕 호되게 욕만 얻어먹었기 때문에 재봉사는 이번 일도 썩 내켜 하지 않았다. 하지만 그렇다고 일을 마다할 수도 없었다. 그랬다가는 또 어떤 트집을 잡아 괴롭힐지 알 수 없었다. 아예 재봉일 마저 그만두어야 할지 모를 판국이었기 때문에 울며 겨자 먹기로 일을 맡아서 집으로 돌아왔다.

재봉사는 일거리를 앞에 두고 곰곰이 생각해 보았다.

'이번에는 대감을 한번 골려 주자. 옳지, 까짓것 그렇게 한번 해보자…….'

재봉사는 뭔가 기발한 생각을 해내고는 서둘러 두루마기를 짓기 시작했다.

며칠 후, 재봉사는 새로 지은 두루마기 두 벌을 가지고 대감 집으로 갔다. 방으로 들어간 재봉사가 대감에게 물었다.

"나리, 어느 옷부터 입어 보시겠습니까?"

그러자 대감이 거드름을 피우며 말했다.

"우선 전하를 뵐 때 입을 옷부터 입어 보자."

재봉사는 그 두루마기를 꺼내 대감에게 전했다.

"네 이놈! 지금 나를 놀리는 것이냐? 이런 두루마기를 입고 어떻게 전하를 뵙는단 말이냐?"

대감이 입은 두루마기는 보통의 옷과는 모양새가 달랐다. 앞자락은

너무 짧아 무릎까지 올라가고, 뒷자락은 너무 길어 발뒤축까지 내려오는 옷이었다. 그러니 대감이 화가 나서 버럭 소리를 지른 것이었다.

그러자 재봉사가 웃으며 말했다.

"나리, 이 두루마기는 제가 나리를 위해 고안한 특별한 옷입니다. 한번 생각해보십시오. 나리께서 전하를 뵈실 때는 언제나 공손히 허리를 굽히고 머리를 숙이지 않습니까? 그러니 앞자락이 짧고 뒤가 긴 두루마기가 제격이지 않습니까?"

재봉사의 말을 듣고 보니 일리가 있는지라 대감은 머리를 끄덕인 다음 이번에는 민정을 나갈 때 입을 두루마기를 입어 보았다.

"나를 계속 놀리려 하느냐? 대체 이 두루마기는 또 왜 이 모양이냐?"

대감이 눈을 부릅뜨며 다시 물었다. 이번에 입은 두루마기는 반대로 앞자락이 길어 발끝까지 내려오고, 뒷자락은 무릎까지 올라올 정도로 짧은 것이었다.

재봉사가 여전히 입가에 웃음을 문 채 대답했다.

"이 옷도 제가 고심하여 지은 옷입니다. 나리께서 백성을 만나실 때는 눈은 하늘을 쳐다보시고, 배를 쑥 내미시어 당당한 풍채를 갖추셔야 하지 않습니까? 그러니 이 두루마기가 제격 아니겠습니까?"

"흐음, 그런가?"

대감은 배를 한 번 쑥 내밀어 보더니 이내 입가에 미소를 지었다.

이렇게 해서 재봉사는 멋지게 한번 대감을 골렸고, 거기다가 지금까지 그에게 지어 준 옷값보다 더 많은 품삯을 받아 유유히 집으로 돌아왔다.

불이 난 곳은 어디?

경 목 지 사 공 미 개 진 배 후 지 언 기 족 심 신
經目之事, 恐未皆眞, 背後之言, 豈足深信.

직접 보고 경험한 일도 모두 참된 것이 아닐까 두렵거늘, 뒤에서 하는 말을 어찌 믿는단 말인가.

– 성심편

한 선비가 날이 저물어 하룻밤 묵기 위해 여인숙을 찾고 있었다. 조금 걷다 보니 여인숙 하나가 눈에 띄었다. 그런데 그 여인숙 앞에는 주인이 손님을 끌기 위해 밖으로 나와 길 가는 행인들에게 뭐라고 열심히 설명을 하는 중이었다.

"저희 여인숙은 전국에서도 친절하기로 이름난 곳입니다. 저희 여인숙에서 머물고 가십시오."

선비는 주인의 말을 믿고 그 여인숙에서 하룻밤 머물기로 했다. 주인은 선비에게 숙박료를 받은 뒤 방으로 안내하자마자 다른 손님을 끌기 위해 얼른 문밖으로 달려 나갔다.

선비는 먼 길을 걸어온지라 몹시 피곤하여 그대로 옆으로 쓰러져

잠이 들었다. 얼마쯤 지나 선비는 목이 말라 잠에서 깨어났다. 방 안을 돌아보니 당연히 갖다 놓았어야 할 주전자가 보이지 않았다.

"여보시오, 주인장! 물 좀 갖다 주시오."

선비는 여인숙 전체가 다 들릴 정도로 크게 외쳤다. 그러나 밖에서는 아무런 대꾸가 없었다. 선비는 다시 한번 물을 갖다 달라고 소리쳤다. 그래도 아무런 대꾸가 없었다.

"허어, 친절하기로 소문이 난 집이라고 하더니 그게 아니군……."

선비는 언제 물을 가져오는지 보려고 방 안에서 계속 물을 가져오라고 소리를 질렀다. 하지만 몇 시간이 지나도 물을 가져오는 사람이 아무도 없었다.

그러자 선비는 한 가지 꾀를 내고 크게 외쳤다.

"불이야! 불!"

여인숙은 한바탕 난리가 벌어졌다. 투숙객들은 모두 밖으로 뛰어나가고, 주인은 물을 동이에 받쳐 들고 선비의 방으로 달려왔다.

"어디요? 어디에 불이 났소?"

그러자 선비는 손가락으로 자기 입 속을 가리키며 말했다.

"바로 여기요."

상대에 따라 달리 처신하라

순자왈 무용지변 불급지찰 기이물치
荀子曰 無用之辯, 不急之察, 棄而勿治.

순자가 말하였다. 쓸데없는 말과 급하지 않은 일은 처리하지 말라.

– 정기편

진왕秦王에게는 큰 고민거리가 하나 있었다. 입담이 좋은 초나라 세객說客들 가운데 사신으로 오는 자들을 상대하기가 여간 힘든 게 아니었던 것이다.

진왕은 그 사신들이 올 때마다 절대 당하지 않겠다고 다짐을 했지만, 막상 마주하여 이야기를 나누다 보면 자기도 모르게 그들에게 끌려 들어가곤 했다. 그래서 승상인 감무甘茂를 불러 이 일을 의논했다. 진왕의 이야기를 다 들은 감무는 별로 생각해 보지도 않고 바로 대답했다.

"그것은 걱정할 바가 아닙니다. 상대하기 힘든 사신이 왔을 때는 쓸데없는 말은 일체 하지 마시고, 마음을 느긋하게 가진 채 서두르지 마십시오. 그러다가 사신의 말이 다 끝나고 어떤 제의를 해 오면 그것이 무엇이 됐든 간에 무조건 거부하십시오. 그리고 반대로 다루기 쉬운 사신이 왔을 때는 무조건 제의를 받아들이십시오. 그렇게 되면 초나라에서도 다루기 쉬운 사람만을 골라 사신으로 보내게 될 것입니다."

진왕은 그제야 고민이 해결된 듯 고개를 끄덕였다.

큰 뜻을 이루는 법

자왈 총명사예 수지이우 공피천하 수지이양
子曰 聰明思睿, 守之以愚. 功被天下, 守之以讓.

용력진세 수지이겁 부유사해 수지이겸
勇力振世, 守之以怯. 富有四海, 守之以謙.

공자가 말하였다. 총명하고 생각이 뛰어나더라도 어리석은 척해야 하고,
공이 천하를 덮을 만하더라도 겸양해야 하며, 용맹을 세상에 떨칠지라도 늘 조심해야 하고,
부유하기가 사해를 소유했다 하더라도 겸손해야 한다.

– 존심편

초楚나라에서 말馬을 가장 잘 다루는 사람이 있었다.

그는 반드시 천하에서 가장 말을 잘 다루는 자로 성공하려는 마음을 갖고 있었고, 마침내 자기 뜻을 펴려고 왕에게 뵙기를 청하며 이렇게 말했다.

"저는 말을 능숙하게 다룰 줄 아는 재주가 있으니 긴요하게 써 주십시오."

그런데 궁궐에 들어가 보니 다른 많은 기사가 그의 재주를 시기하고 있다는 사실을 알게 되었다. 결국 그는 그날 뜻을 이루지 못하고 궁궐을 나왔다.

며칠 뒤 그는 다시 왕 앞에 나가 이번에는 이렇게 말했다.

"저는 사슴을 잘 잡는 재주가 있습니다."

왕은 그의 재주를 시험하기 위해 친히 사냥터로 사슴을 잡으러 나갔다. 그러나 사슴은 좀처럼 잡히지 않았다.

"네가 한번 잡아 보거라."

왕의 명령을 받고 그는 말을 몰고 나가 단번에 사슴을 포획했다. 그러자 왕이 그의 뛰어난 재주를 칭찬하며 궁궐의 사냥꾼으로 임명하고자 했다.

그러나 그는 그 기회를 이용하여 다른 기사들이 자신의 재주를 시기한 사실을 말하면서, 말을 다루는 직책을 내려 달라고 청했다.

"오, 그런 일이 있었는가? 더 나은 재주가 있다면 그 일에 전념함이 옳을 것이다."

그러면서 왕은 그의 청을 받아들였고, 그는 결국 자기 뜻을 이루게 됐다.

지혜와 인이란?

손사막왈 담욕대 이심욕소 지욕원 이행욕방
孫思邈曰, 膽欲大, 而心欲小. 智欲圓, 而行欲方.

손사막이 말하였다. 담력은 크게 가지도록 하되 마음가짐은 섬세해야 하고,
지혜는 원만하도록 하되 행동은 바르게 해야 한다.

– 존심편

공자의 제자인 번지樊遲라는 자가 스승에게 물었다.

"선생님, 지혜라는 것은 무엇입니까?"

공자가 대답했다.

"백성들이 따를 정의를 세우는 데 힘쓰고, 혼魂과 신神을 공경하되, 그것에만 의지하려는 마음을 갖지 않는다면 지혜롭다고 할 수 있을 것이다."

번지가 다시 물었다.

"그렇다면 인仁이란 무엇을 말하는 것입니까?"

공자가 대답했다.

"먼저 어려움을 마다하지 않고 성실히 실행한 뒤에, 그 결과를 담담하게 기다린다면 가히 어질다고 할 수 있을 것이다."

명약도 쓰기 나름

이모부장 회지하급 이견부장 교지하익
爾謀不臧, 悔之何及. 爾見不長, 教之何益.

이심전 즉배도 사의확 즉멸공
利心專, 則背道. 私意確, 則滅公.

네 도모함이 어질지 못하면 일을 그르친 뒤에 후회해도 소용없고,
네 소견이 훌륭하지 못하면 가르친들 무엇이 이롭겠는가.
자기 이익만 생각하면 도에 어그러지고,
사사로운 뜻이 굳으면 공적인 일을 망치게 된다.

– 존심편

겨울에도 냇가에 나가 얼음을 깨고 빨래를 해 주며 먹고사는 집안이 있었다. 그 집안은 손이 트지 않는 약을 개발해 대대로 사용하고 있었는데, 그 비법을 아무에게도 가르쳐주지 않고 자기들끼리만 몰래 전수해 오고 있었다. 그래서 다른 사람은 그 약을 쓰고 싶어도 쓸 수가 없었다.

어느 날, 총명하게 생긴 청년이 그 집으로 찾아왔다.

"내게 그 약의 제조 비법을 팔면 오천 냥을 주겠소."

청년은 수레에 하나 가득 돈을 싣고 와서 그렇게 말했다. 산더미처럼 쌓인 돈을 보자 집안사람들의 눈이 모두 휘둥그레졌다.

"우와! 저 돈이면 몇 년은 놀고먹으면서 살 수 있겠다."

마침내 청년은 그 약의 제조법과 판매권 일체를 갖게 됐다.

청년은 며칠 뒤 오나라의 왕에게 찾아가 손이 트지 않는 비법을 선보이며 병사들에게 사용할 것을 제의했다. 오왕은 청년을 장군으로 임명하고, 그해 겨울에 적군을 맞아 싸우게 했다.

청년은 그 약을 적절히 활용하여 전쟁에서 대승을 거두었다. 그러자 오왕은 청년에게 많은 땅을 하사하며 제후에 봉했다.

똑같은 약을 가지고 한 사람은 높은 벼슬을 얻고, 또 다른 이는 평생 빨래질이나 하면서 보냈으니, 아무리 좋은 명약이라도 어떤 마음을 갖고 어떻게 쓰느냐에 따라 달라진다는 사실을 명심해야 할 것이다.

위기에서 구해 준 늙은 말

욕 지 미 래　선 찰 기 연
欲知未來, 先察己然.

미래를 알려거든 먼저 지나간 일을 살펴보라.

– 성심편

중국 춘추 시대 때 제齊나라 환공의 신하 중에 관중이라는 지혜로운 사람이 있었다.

어느 해 봄, 환공은 관중을 데리고 고죽국이라는 나라를 공격했다. 그런데 전쟁이 길어지는 바람에 겨울이 돼서야 끝이 났다. 병사들은 전쟁터에서 오랫동안 지낸 탓에 몹시 지쳐 있었고, 더구나 추운 겨울이어서 모두가 기진맥진한 상태였다.

그런데 설상가상으로 문제가 생기고 말았다. 병사들이 회군을 하는 도중에 그만 길을 잃고 말았던 것이다.

"날은 춥고 갈 길은 먼데 이거 큰일 났군……."

병졸과 장군들은 모두 근심스런 표정이었다. 그때 관중이 앞으로 나서며 장군들에게 이렇게 말했다.

"이처럼 어려운 상황에서는 늙은 말의 지혜를 빌리는 게 좋을 것입니다."

"늙은 말? 그게 무슨 소리요? 힘이 펄펄 넘치는 젊은 말도 길을 찾을지 어떨지 모르는데 늙은 말이라니?"

장군들은 관중에게 면박을 줬다. 그러나 관중은 장군들의 면박에 아랑곳하지 않고 진중의 말들을 모두 둘러본 뒤에 한 마리를 선택해 끌고 왔다. 관중이 끌고 온 말은 매우 늙어 힘도 없고, 생김새도 형편없어 평소에 구박만 받던 말이었다.

장군들이 또 관중을 조롱하며 면박했다.

"저따위 늙은 말을 가지고 장난할 시간이 없소. 집어치우시오."

그래도 관중은 개의치 않았다.

관중은 늙은 말을 대열의 맨 앞에 세운 다음, 말의 귀에 대고 이렇게 말했다.

"너는 힘은 없으나 경험이 풍부하니 반드시 길을 찾아낼 수 있을 것이다. 어서 가서 길을 찾거라."

늙은 말은 관중의 이야기를 알아듣기라도 한 듯 하얗게 쌓인 눈을 헤치며 냄새를 맡기 시작했다.

몇 시간 뒤, 늙은 말은 마침내 길을 찾은 듯한 방향으로 곧장 나아가

기 시작했다.

이것을 본 관중이 무릎을 탁 치며 말했다.

"됐소이다. 이제야 길을 찾은 모양이오."

관중은 곧 병사들에게 명령했다.

"저 늙은 말의 뒤를 따르라!"

병사들은 물론이고 장군들도 어쩔 수 없이 늙은 말의 꽁무니를 쫓아갈 수밖에 없었다.

아버지의 지혜로운 유언장

역 왈 덕 미 이 위 존 지 소 이 모 대 무 화 자 선 의
易曰 德微而位尊, 智小而謀大, 無禍者鮮矣.

《주역》에서 말하였다. 덕은 적은데 지위가 높으며, 지혜가 없으면서 꾀하는 것이 크다면 화를 당하지 않을 자가 드물 것이다.

– 성심편

한 유대인이 멀리 예루살렘에서 유학하고 있는 아들에게 유언장을 남기고 눈을 감았다. 그의 유언장에는 이렇게 적혀 있었다.

'나의 전 재산을 노예에게 물려주어라. 다만 내 아들에게는 그중에서 원하는 것 하나만을 선택하게 하라.'

유언장이 공개되자 노예는 자신에게 행운이 온 것을 크게 기뻐하며 단숨에 아들이 있는 예루살렘으로 뛰어가 이 사실을 알렸다. 뜻하지 않은 비보를 접한 아들은 서둘러 집으로 돌아와 장례를 치른 뒤 앞일을 곰곰이 생각하다가 너무도 막막한 생각이 들어 랍비를 찾아가 상의했다.

"아버지는 제게 한 푼의 유산도 남기지 않으셨습니다. 저는 크게 잘

못한 일도 없는데 말입니다. 이제 어찌하면 좋겠습니까?"

아들이 묻자 랍비가 대답했다.

"그렇지 않네. 자네 아버님은 매우 현명한 유언장을 남기셨네."

"그 많은 재산을 제게는 한 푼도 물려주시지 않아 앞으로 공부도 포기해야 하는 지경에 이르렀는데 무엇이 현명하다는 말씀인가요?"

"내 말을 잘 들어보게. 만약 아버님이 자네에게 재산을 물려준다는 유언을 하셨다면 자네 집 노예가 어떤 행동을 했을지 생각해 보았나?"

"글쎄요……."

"아마도 자네가 멀리 떠나 있음을 알기 때문에 모든 재산을 가지고 도망갔을 것이네. 물론 아버님의 죽음조차도 자네에게 알리지 않았겠지. 그런데 많은 재산을 갖게 된 노예는 너무 기쁜 나머지 자네에게 달려가지 않았나?"

"그렇지만 제게 재산이 돌아오는 것은 아니잖습니까?"

랍비는 빙긋이 웃으며 대답했다.

"유언장에는 자네가 원하는 한 가지를 선택할 수 있다고 쓰여 있지 않은가? 노예의 재산은 모두 주인의 것일세."

아들은 그 말을 듣고서야 고개를 끄덕였다.

"아, 그럼 제가 노예를 선택하면 되겠군요."

"이제야 아버님의 깊은 뜻을 깨달은 것 같군."

이렇게 해서 아들은 자신이 갖고 싶은 것 중의 하나를 노예로 선택했다. 그 후 아버지의 재산을 온전히 물려받은 아들은 노예를 풀어 주고 다시 예루살렘으로 돌아가 학업을 계속했다.

평생 벼슬을 못 한 노인

만 사 분 이 정　부 생 공 자 망
萬事分已定, 浮生空自忙.

모든 일에는 이미 분수가 정해져 있는데 세상 사람들이 부질없이 바쁘게 움직인다.

– 순명편

옛날 주周나라에 평생 한 번도 관직에 오르지 못한 자가 있었다.

어느덧 그는 나이가 들어 백발이 됐다. 그는 지나온 자기 인생이 너무 억울하고 슬퍼 이따금 통곡을 하곤 했다.

하루는 그가 나무 아래에 앉아 슬프게 흐느끼고 있었다.

"노인장, 무슨 일로 그렇게 슬피 우십니까?"

길을 가던 사람이 다가와서 물었다.

노인이 음울한 목소리로 대답했다.

"나는 벼슬에 나가려고 평생 노력했으나 단 한 번도 기회가 오지 않아 관직을 갖지 못했다오. 이제 나이가 들어 영영 벼슬에 나가지 못하리라는 생각을 하니 슬퍼서 우는 것이라오."

“그런데 어떻게 해서 한 번도 관직에 오를 기회가 오지 않았나요?”

“나는 젊어서 참 열심히 공부했다오. 공부를 끝내고 관직을 구하려는데 당시의 왕은 나이 든 사람을 선호하여 늙은이들만 관료로 썼다오.”

“그래서 젊어서는 관직에 나갈 기회가 없었군요? 그것참 안됐네요.”

노인이 말을 이었다.

“그 왕이 물러나자 이번에는 무예를 좋아하는 왕이 등극을 했다오. 그래서 나는 학문을 버리고 무예를 익혔소. 그런데 무예를 다 익혀 관직에 나가려고 했더니 나이 든 사람을 좋아하던 왕이 죽고 새 왕이 등극했소.”

“그건 저도 압니다. 그때는 그랬죠. 하지만 그 왕도 죽고 지금은 다시 새 왕이 다스리고 있지 않습니까?”

“그런데 지금 왕은 젊은이들을 선호하고 있다오.”

“그렇군요. 참 안됐네요.”

지나가던 행인은 고개를 끄덕이며 길을 떠났다.

30년 동안 쓸 수 있는 부채

옛날에 굴비 한 마리를 천장에 매달아 놓고 밥 한술 뜨고는 그것을 쳐다보는 것으로 반찬을 대신하는 자린고비가 있었다.

그에게는 두 아들이 있었는데, 아버지를 닮아 자식들도 여간 구두쇠가 아니었다. 하루는 날씨가 너무 더워 참다못한 구두쇠 영감이 장에 가서 부채를 사 집으로 돌아왔다.

"이 부채를 어떻게 하면 오래 쓸 수 있을까?"

영감은 집으로 돌아오면서 내내 그 궁리를 했지만 좋은 생각이 떠오르지 않자, 두 아들을 불렀다.

"도대체 어떻게 해야 이 부채를 오래 쓸 수 있고, 또 몇 해나 쓸 수 있겠느냐?"

먼저 작은아들이 대답했다.

"아주 더울 때만 꺼내서 살살 부채질을 한다면 5년쯤은 너끈히 쓸 수 있을 것입니다."

그러나 큰아들은 생각이 달랐다.

"아닙니다. 한 30년은 쓸 수 있습니다."

"뭐라고? 30년씩이나?"

큰아들의 말에는 자린고비 영감도 놀라지 않을 수 없었다.

"어떻게 그리 오래 쓸 수 있단 말이냐?"

"부채를 접었다 폈다 하면 그만큼 종이도 닳아 오래 쓸 수 없습니다. 그러니 더운 여름철에만 부채를 펴서 굴비처럼 천장에 매달아 놓고 고개를 살살 흔들면 30년뿐만 아니라 50년도 쓸 수 있을 것입니다."

구두쇠 영감은 아들의 말에 고개를 끄덕였다.

王良曰 欲知其君 先視其臣
왕량왈 욕지기군 선시기신

欲識其人 先視其友
욕식기인 선시기우

欲知其父 先視其子
욕지기부 선시기자

君聖臣忠 父慈子孝
군성신충 부자자효

왕량이 말하였다.

그 임금을 알려고 한다면 먼저 그 신하를 보고,
그 사람을 알려고 한다면 먼저 그 친구를 보고,
그 아비를 알려고 한다면 먼저 그 자식을 보라.
임금이 거룩하면 그 신하가 충성스럽고,
아비가 인자하면 자식이 효도를 한다.

원숭이들의 반란

교 자 졸 지 노　고 자 낙 지 모
巧者拙之奴, 苦者樂之母.

재주 있는 사람은 재주 없는 사람의 종이 되고, 괴로움은 즐거움의 근본이 된다.

– 성심편

초나라의 어느 지방에 원숭이를 기르는 사내가 있었다.

사내는 매일 아침이면 늙은 원숭이에게 명령을 내리곤 했다. 부하 원숭이를 이끌고 산에 올라가 과일을 따오도록 했던 것이다.

원숭이들이 과일을 따 오면 대부분 원숭이들의 먹이로 쓰였지만, 항상 그 10분의 1은 사내가 차지했다. 만일 이것을 바치지 않거나 속이는 일이 있으면 사내는 원숭이에게 매를 들었다. 그래서 원숭이들은 이것이 두려워 늘 사내에게 일정량의 과일을 바쳤다.

그러던 어느 날이었다.

이날도 어김없이 늙은 원숭이를 따라 과일을 따러 산으로 올라갔다. 그런데 과일을 따다가 잠시 쉬는 시간에 어린 원숭이 하나가 늙은 원숭이에게 다가와 이렇게 말했다.

"이 산에 있는 과일나무는 전부 우리 주인이 심은 것인가요?"

늙은 원숭이가 아무 생각 없이 사실 그대로 말했다.

"아니다. 열매는 자연히 생긴 것이란다."

어린 원숭이가 고개를 갸웃하며 다시 물었다.

"그럼 이 산에 있는 과일은 우리 주인이 아닌 다른 자들은 따서 먹을 수가 없나요?"

"아니야. 누구라도 따서 먹을 수가 있단다."

그러자 어린 원숭이가 뭔가 대단히 의문스럽다는 표정을 지으며 말했다.

"그렇다면 우리는 무엇 때문에 주인에게 매일 과일을 따다 바치고 있는 거죠?"

어린 원숭이의 말에 주변에 있던 다른 원숭이들도 고개를 갸웃하며 모여들었다.

"그렇지. 네 말이 맞아."

"우리는 주인에게 과일을 따다 바칠 필요가 없어."

"우리 스스로 산에 와서 과일을 따 먹으면 그만이야."

그날 밤이었다.

산에서 깊은 깨달음을 얻은 원숭이들은 주인이 잠들기를 기다렸다가 일제히 울타리를 부수고 숲속으로 달아났다.

그 후 원숭이들은 다시는 사내 곁으로 돌아오지 않았다.

경험자는 속일 수 없다

불 경 일 사 　부 장 일 지
不經一事, 不長一智.

한 가지 일을 경험하지 않으면 한 가지 지혜가 자라지 않는다.

– 성심편

제나라에 그림을 잘 그리는 화공이 있었다.

어느 날, 왕이 그를 불러 물었다.

"세상에서 그리기 가장 어려운 그림이 무엇인가?"

화공이 망설이지 않고 대답했다.

"말이나 개 그림이 가장 어렵습니다."

왕이 다시 물었다.

"그렇다면 가장 쉬운 그림은 무엇인가?"

역시 화공이 망설임 없이 대답했다.

"도깨비 그림이 가장 쉽습니다."

왕은 화공이 거꾸로 대답을 한 것 같아 의아한 표정으로 다시 물었다.

"말이나 개는 흔히 볼 수 있는 것이라 그리기 쉬울 것 같고, 도깨비는 눈에 보이는 것이 아니라 그리기 어려울 것 같은데, 그대는 거꾸로 말을 하고 있으니 이해하기가 어렵구나."

화공이 왕에게 그 까닭을 설명했다.

"말이나 개는 사람들이 너무나 잘 알고 있기 때문에 조금만 잘못 그려도 사람들이 금방 알아봅니다. 그래서 그리는 데 어려움이 많습니다."

왕이 그 말을 듣고 고개를 끄덕였다.

"그럼 도깨비는 왜 그리기 쉬운가?"

"도깨비는 누구도 그 형체를 본 사람이 없기 때문에 아무렇게나 그려도 시비를 거는 사람이 없습니다."

왕은 그제야 화공의 말을 이해했다.

소경이 밝힌 등불

약 요 인 중 아 　무 과 아 중 인
若要人重我, 無過我重人.

만약 남이 나를 중하게 여기기를 바란다면, 내가 먼저 남을 중하게 여겨야 한다.

– 준례편

한 사내가 캄캄한 밤길을 걷고 있었다.

그런데 맞은쪽에서 소경 한 사람이 등불을 든 채 걸어오고 있는 것이 보였다.

소경이 가까이 오자 사내가 물었다.

"당신은 소경인데 등불이 무슨 소용이 있습니까?"

그러자 소경이 대답했다.

"이 등불을 들고 걸어가면, 장님인 내가 걷고 있다는 사실을 눈 뜬 사람들이 알아볼 수 있을 것 아니겠어요? 그래야 서로 충돌을 피할 수 있지요."

그 나물에 그 밥

한 문 공 왈 인 불 통 고 금 마 우 이 금 거
韓文公曰 人不通古今, 馬牛而襟裾.

한문공이 말하였다. 사람이 옛 성인의 가르침을 알지 못하면 금수에게 옷을 입힌 것과 같다.

– 근학편

노나라에 어리석은 사내가 살고 있었다.

하루는 긴 대나무를 들고 집을 나섰다.

"이 대나무를 성문 밖의 선비 집에 갖다 주고 오너라."

사내가 성문 앞에 이르렀다. 그는 대나무를 곧게 세운 채 성문을 지나가려 했다.

그러나 성문이 너무 낮아서 그대로는 빠져나갈 수가 없었다.

"성문이 너무 낮아서 안 되겠군."

그래서 대나무를 옆으로 들어보았다.

"이렇게 해도 안 되겠는데……."

사내는 성문 앞에 서서 대나무를 길게 세웠다 옆으로 뉘었다 하며 한참 동안 낑낑거리고 있었다. 그러나 그러는 동안 단 한 번도 대나무를 옆구리에 낄 생각은 하지 못했다.

그때 아는 척을 잘하는 노인이 사내에게 다가와 말했다.

"나는 지금까지 수많은 일을 경험했기 때문에 어려운 문제를 슬기롭게 해결할 수가 있지."

사내가 환한 표정으로 노인에게 말했다.

"마침 잘 나타나셨습니다. 지금 이 대나무를 가지고 성문 밖으로 나가야 하는데, 성문이 좁아서 나갈 수가 없습니다. 좋은 방법 좀 일러주세요."

노인은 턱을 괴고 잠시 생각하더니 이내 입을 열었다.

"그야 뭐 어려운 게 있나? 왜 나무를 잘라서 성문을 빠져나갈 생각을 하지 않았나?"

"아, 그러면 되겠군요."

사내는 노인의 말을 듣고 대나무를 토막토막 자른 다음 성문을 빠져나갔다.

아기의 어머니를 가려낸 지혜

익지서 운 악관약만 천필주지
益智書 云 惡鑵若滿 天必誅之.

《익지서》에서 말하였다. 나쁜 마음이 가득 차면 하늘이 반드시 벨 것이다.

– 천명편

두 여인이 한 아기를 데리고 솔로몬 왕을 찾아왔다. 여인들은 아기가 서로 자기 아들이라고 주장했다. 솔로몬 왕은 여러 증인을 불러 조사해 보았으나 진짜 아기 엄마가 누군지 알아낼 수가 없었다.

"너희는 지금 서로 아기 엄마라고 우기니 나로서도 어쩔 수가 없구나. 예로부터 우리나라에서는 어떤 것을 두고 서로 자기 것이라고 우기면서 싸우게 되면 공평하게 반으로 나누어 갖게 하라는 판례가 있다. 그러므로 너희들도 그 판례에 따라 아기를 서로 반씩 갈라 나눠 갖도록 하라."

그러자 한 여인은 이 판결에 쾌히 응했다.

"알겠습니다. 정 그렇다면 그렇게라도 하겠습니다."

그러나 다른 여인은 펄쩍 뛰며 반대했다.

"안 됩니다. 제가 아기를 포기하겠습니다. 그러니 제발 아기를 반으로 가르는 일만은 하지 말아 주세요."

그러고는 이내 울음을 터트렸다.

솔로몬 왕은 울고 있는 여인을 향해 최종 판결을 내렸다.

"이 아이를 저 여인에게 주어라."

판결이 나자 처음에 아이를 나누어 갖는 데 동의했던 여인이 항의를 제기했다.

"왜 저 여자에게 아기를 주십니까?"

솔로몬 왕이 자신에 찬 목소리로 말했다.

"예로부터 자기 자식을 반으로 갈라 갖겠다는 어머니는 한 사람도 본 적이 없다. 너는 무슨 악한 마음을 가지고 네 자식도 아닌 아이를 취하려 했느냐? 그 불손함을 진심으로 뉘우칠 때까지 옥에 가두도록 하라."

귀가 얇은 왕의 우매한 판단

자왈 중호지필찰언 중악지필찰언
子曰 衆好之必察焉, 衆惡之必察焉.

공자가 말하였다. 모든 사람이 좋아하더라도 반드시 살펴야 하며,
모든 사람이 미워하더라도 반드시 살펴야 한다.

– 정기편

옛날에 조나라 출신의 노단이라는 사람이 중산국의 왕에게 찾아가 자신을 써 달라고 부탁했다. 그는 중산국의 왕을 세 차례나 만나 등용을 원했지만 그때마다 자리를 얻지 못했다.

"다른 방법을 써야 하지 않겠습니까?"

옆에서 노단을 지켜보던 한 수행원이 보기가 안쓰러워 그에게 말했다. 노단은 참모의 말을 받아들여 왕의 측근들에게 황금 50냥을 나누어 줬다.

"이제 다시 중산국 임금을 만나 보십시오."

그랬더니 과연 중산국 왕은 술과 음식을 내오게 시켜 그를 훌륭하게 대접했다. 그러나 그때부터 또 다른 걱정이 시작됐다.

노단은 왕을 알현하고 나온 뒤 자신이 머물고 있는 숙소로 돌아가지 않고, 곧바로 중산국에서 벗어나려고 길을 떠났다.

중산국의 국경 근처에 다다르자 수행원들은 이해할 수가 없어 노단에게 물었다.

"지금까지 중산국에서 그토록 관직을 따내려고 애를 쓰시다가 이제 겨우 자리 하나를 얻었는데, 왜 이 나라를 떠나려 하십니까?"

그러자 노단이 대답했다.

"중산국의 왕은 내가 황금을 준 신하들의 말을 듣고 나를 기용한 것이다. 결코 스스로 결정한 사항이 아니다."

"어찌 됐든 목적은 이루시지 않았습니까?"

"그렇긴 하지만 다른 사람의 말을 듣고 나를 등용했다면, 반대로 다른 사람의 말을 듣고 나를 벌할 수도 있다는 말이 아닌가?"

노단 일행이 국경에 다다르자 급보 하나가 날아왔다. 조정에서 어느 신하가 왕에게 간하기를, 노단은 자기 나라를 위해 중산국을 정탐하러 온 자라고 했다는 것이다. 그리하여 중산국 왕은 노단 일행을 체포하라며 일단의 군사를 급파했다는 전갈이었다.

노단 일행은 서둘러 중산국 국경에서 벗어났다.

똑같은 바지

가 유 현 처 부 부 조 횡 화
家有賢妻 夫不遭橫禍.

집에 어진 아내가 있으면 그 남편이 뜻밖의 화를 만나지 않는다.

– 부행편

옛날 어느 마을에 한 부부가 살았다. 그 집 아내는 융통성이 없고 고지식했다.

어느 날 남편이 아내에게 바지를 한 벌을 만들어 달라고 부탁했다. 아내는 옷감을 꺼내 마름질을 한 뒤 바느질을 시작하려다가 남편에게 물어보았다.

"바지를 어떤 모양으로 만들어야 편하겠어요?"

남편이 뭐라고 말해야 좋을지 몰라 그냥 생각나는 대로 대답했다.

"지금 입고 있는 바지가 편하니 이런 모양으로 만들어 주시오."

아내는 남편의 말대로 지금 입고 있는 것과 똑같은 바지 하나를 만들었다. 그런 다음 무릎 부근과 바지 아래를 칼로 찢은 다음 바느질로 기워 남편에게 줬다.

"어때요. 지금 바지와 똑같지요?"

아내는 만족한 듯 입가에 미소를 머금었다.

그림자를 싫어한 사내의 죽음

예기왈 옥불탁 불성기 인불학 부지의
禮記曰 玉不琢 不成器 人不學 不知義.

《예기》에서 말하였다. 옥은 다듬지 않으면 그릇이 되지 못하고,
사람은 배우지 않으면 옳은 것을 알지 못한다.

– 근학편

그림자를 몹시 싫어하는 자가 있었다.

그는 그림자를 떨쳐 버리려고 온갖 방법을 다 썼다. 하지만 그림자를 떼어 내려고 마구 달려도 항상 발밑에서 떨어지지 않았고, 하루는 마음을 단단히 먹고 그림자를 떼어 내려고 했다.

"내가 너무 늦게 달려서 그림자가 따라오나 보다. 아주 빨리 달리면 그림자도 따라오지 못하겠지."

그리하여 그는 죽을힘을 다해 달렸다. 얼마나 빠르고, 멀리 달렸는지 그는 결국 숨이 차 죽고 말았다. 끝내 그늘진 곳에 들어가면 그림자를 없앨 수 있다는 생각을 하지 못한 채 숨을 거둔 것이다.

제각기 다른 입맛

양갱 수미 중구 난조
羊羹 雖美 衆口 難調.

양고기 국이 비록 맛은 좋으나 여러 사람의 입을 맞추기는 어렵다.

— 성심편

어느 시골에 사는 아버지와 아들이 당나귀를 팔려고 장에 나가는 길이었다. 그들이 우물가를 지나는데, 부인네들이 수군거렸다.

"저 사람들 참 이상하네? 왜 당나귀를 타고 갈 생각은 하지 않고 끌고 갈까?"

"그러게 말이야. 어린 아들을 태우고 가면 다리도 안 아플 텐데. 정말 미련한 아버지네."

이 말을 듣자 아버지는 아들을 당나귀에 태웠다.

얼마쯤 가다가 이번에는 정자나무 아래에 모여 장기를 두고 있는 노인들을 만났다. 노인들이 입을 모아 말했다.

"저런 몹쓸 불효자가 있나? 어린 녀석이 늙은 아버지는 걸어가게 하고 자기가 말을 타고 가다니, 쯧쯧쯧…….”

이 말을 들은 아버지는 아들을 내려오게 하고 자기가 말에 올랐다.

다시 길을 가다가 이번에는 아이 하나를 등에 업고, 두 팔에도 아이를 안은 부인을 만났다. 그녀가 땀을 뻘뻘 흘리며 말했다.

“세상에 저렇게 몰인정한 사람들을 보았나. 저 당나귀가 얼마나 힘이 들까?”

아버지는 그 말을 듣고, 당나귀 다리를 묶은 귀 가운데 긴 막대기를 끼워 아들과 함께 어깨에 메고 장으로 향했다.

장에 도착하자 그들의 행색을 알아본 사람들이 낄낄거리며 웃기 시작했다.

“하하하, 저런 멍청이들 같으니.”

아버지는 당나귀를 땅에 팽개치며 푸념하듯 말했다.

“휴, 모든 사람의 비위를 맞추려고 애썼지만 결국 한 사람의 비위도 맞추지 못했구나…….”

明心寶鑑

4

학문을 연마하려면

다음에는 돼지비계를 먹일 테다

태 공 왈 인 생 불 학 여 명 명 야 행
太公曰 人生不學 如冥冥夜行.

태공이 말하였다. 사람이 배우지 않으면 마치 어두운 밤길을 가는 것과 같다.

– 근학편

당나라 왕실의 후예로서 높은 벼슬을 지낸 이재인이라는 사람이 있었다. 그는 부와 명예는 높았지만, 사람이 너무 꽉 막혀서 세상 물정에 어둡고 책 읽기를 게을리해 합리적으로 생각을 하지 못하고 자기 고집만 강했다.

그는 특이한 식성을 가지고 있었다. 특히 대부분의 중국 사람이 즐겨 먹는 돼지고기를 아주 싫어했다. 당대 중국인들은 살코기보다도 돼지비계를 더 좋아했는데, 그는 비계라면 질색을 했다.

하루는 퇴청을 해 집으로 들어와 보니 하인들이 웅성거리고 있었다.

"무슨 일이냐?"

"예, 주인마님. 하인 두 녀석이 아무것도 아닌 일을 가지고 치고받으며 싸워서 훈계를 하고 있는 중입니다."

머슴들을 관리하는 노인이 말했다.

"그래? 이런 괘씸한 놈들! 감히 내 집 안에서 싸움을 벌이다니. 이건 훈계로 넘어갈 문제가 아니다. 당장 곳간에 가서 돼지고기를 갖고 오너라."

주인의 명령대로 하인들이 돼지고기를 그릇에 넘치도록 담아서 오자 싸움을 한 두 하인에게 이재인이 말했다.

"그릇에 담긴 돼지고기를 한 점도 남기지 말고 다 먹어라."

그러면서 이재인은 두 하인이 엄청나게 고통스러울 것이라고 생각했다.

잠시 후, 두 하인이 돼지고기를 다 먹고 나자 그가 엄하게 꾸짖었다.

"어떠냐? 괴롭지 않으냐? 만약 다음에 다시 싸움을 벌이면 그때는 돼지비계를 두 그릇씩 먹일 테니 조심하거라."

그는 헛기침을 한 번 한 뒤 뒷짐을 진 채 자기 방으로 들어갔다.

다시 천 리를 달리게 된 명마

넓은 들판을 바람처럼 달리던 천하의 명마가 있었다. 그러나 세월이 흘러 늙게 되자 소금 수레를 끄는 신세가 됐다.

어느 날, 주인을 따라 소금 수레를 끌고 산을 넘게 됐다. 그런데 고개가 어찌나 높은지 무릎이 자주 꺾여 여간 힘든 게 아니었다. 한때 천하의 명마였다는 사실이 무색할 정도로 온통 땀으로 젖어 비틀거리며 걸음을 옮기고 있었다. 그러다가 고개 중턱에 이르렀을 때는 마침내 더 견디지 못하고 힘없이 땅바닥에 주저앉았다.

이때 마침 눈에 총기가 살아 있는 노인 한 사람이 지나가다가 이 광경을 보게 됐다. 알고 보니 노인은 말을 보는 안목이 대단한 사람이었다.

"오, 이 말은 천하의 명마였었군. 그런데 어찌하다가 이 신세가 됐을꼬……."

노인은 한눈에 이 말이 천하의 명마였음을 알아보고는, 슬픈 표정을 짓더니 이내 눈물을 뚝뚝 흘리기 시작했다.

"애석한지고……."

노인은 여전히 눈물을 흘리며 자신이 입고 있던 비단옷을 벗어 말의 몸을 감쌌다.

그러자 말이 갑자기 힘을 얻은 듯 벌떡 일어나더니 앞발을 치켜세우며 큰 소리로 울었다. 그 소리가 얼마나 우렁찬지 길가의 나무가 흔들릴 정도였다.

노인의 일깨움으로 명마는 다시 예전처럼 들판을 누비며 달리게 됐다.

경행록 운 목유소양칙근본고이지엽무 동량지재정
景行錄 云 木有所養則根本固而枝葉茂 棟樑之材成
수유소양칙천원장이유파장 관개지이박
水有所養則泉源壯而流派長 灌漑之利博
인유소양 칙지기대 이식견명 충의지사출
人有所養 則志氣大 而識見明 忠義之士出
가부양재
可不養哉

《경행록》에서 말하였다.

나무를 잘 기르면 뿌리가 튼튼하고 가지와 잎이 무성해서 동량의 재목을 이루고,
수원(水源)을 잘 만들어 놓으면 근원이 풍부하고
흐름이 길어서 관개의 이로움이 널리 베풀어지며,
사람을 잘 기르면 뜻과 기상이 뛰어나고 식견이 밝아져서 충의의 선비가 나온다.
그러니 어찌 기르지 않을 것인가.

목동의 얕은꾀

불결자화 휴요종 무의지붕 불가교
不結子花 休要種, 無義之朋 不可交.

열매를 맺지 않는 꽃은 심지 말고, 의리가 없는 친구는 사귀지 말라.

– 교우편

어느 목동이 자기가 기르는 양들을 이끌고 들로 나갔다. 양들이 한가롭게 풀을 뜯고 있는데, 갑자기 산에 사는 양들이 몰려와 함께 어울려 풀을 뜯어 먹기 시작했다.

어느덧 날이 저물어 돌아갈 시간이 됐다. 목동은 자기가 기르는 양들을 데리고 돌아가려다가 문득 산양들도 함께 데려갈 생각을 했다.

'저것들을 데려가서 잘 길러야겠다.'

목동은 자기가 기르던 양들과 산양들을 모두 이끌고 집으로 돌아왔다. 이튿날 목동은 다시 양들을 이끌고 들로 나가려고 했으나 비가 와서 나갈 수가 없었다. 그래서 목동은 창고에 쌓아 둔 풀을 꺼내 양들에게 먹이기로 했다. 그런데 자기가 기르던 양들에게는 허기만 면할 정도로 조금씩 주고, 산에서 데려온 산양들에게는 배가 터지도록 듬뿍 줬다.

"산양들한테는 이렇게 잘해주었으니 도망가지 않겠지."

다음 날은 날씨가 아주 맑았다. 목동은 서둘러 양들을 이끌고 들로 나갔다. 비가 온 뒤라서 풀잎도 파릇파릇하게 생기가 감돌았다.

양들은 들판에 흩어져서 풀을 뜯어 먹기 시작했다. 그런데 목동이 기르던 양들은 얌전하게 풀을 뜯고 있는데, 산양들은 한쪽 구석으로 모이더니 갑자기 산으로 올라가기 시작했다.

"이리 오지 못해! 내가 너희들한테 얼마나 잘해주었는데 도망가는 거야?"

그러자 산양 한 마리가 멈춰 서더니 목동에게 말했다.

"우리는 당신을 믿을 수가 없어. 지금까지 기르던 당신의 양들에게 그렇게 푸대접을 하는 걸 보니, 언젠가는 우리에게도 그런 대접을 할 게 아니야."

목동은 아무 말도 하지 못했다.

세종의 독서열

지락 막여독서 지요 막여교자
至樂 莫如讀書, 至要 莫如敎子.

아주 큰 즐거움 중에 책을 읽는 것 만한 게 없고,
가장 필요한 것 중에 자식을 가르치는 것 만한 게 없다.

— 훈자편

한글을 창제한 세종이 세자로 책봉됐을 무렵의 일이다.

세종은 워낙 권력에 대한 사심이 없어 세자가 돼서도 평소 자신이 좋아하던 일에만 열중했다. 그는 평소에도 유난히 책 읽기를 좋아했는데, 세자로 봉해진 이후에도 그 일을 내치지 않았다.

세종의 아버지인 태종은 거의 매일 밤늦게까지 책에만 파묻힌 세자의 몸이 상할까 늘 걱정이었다.

'저러다가 끝내 병이 나고 말 것이야…….'

태종이 걱정한 대로 세종은 기어코 병 하나를 얻고야 말았다. 다름 아닌 눈병이었다.

"그러기에 내가 그토록 세자를 걱정한 것이다. 책 읽는 자식을 말릴

어버이가 어디 있겠느냐만, 더는 두고 볼 수가 없구나. 지금 당장 세자의 방에 있는 책들을 모두 거두어 오도록 하라."

태종은 엄하게 명을 내렸다.

내관들은 태종의 명을 받들어 곧장 세종의 방으로 달려가 그의 방에 있는 수백 권의 책들을 다른 곳으로 옮겨 놓았다.

책이 없어진 세종은 할 수 없이 자리에 누워 빨리 눈병이 낫기만을 기다렸다. 하지만 가만히 누워 있자니 아무 낙도 없었다.

세종은 책을 읽을 수 없게 되자 너무 답답해 가만히 앉아 있지를 못했다. 밖으로 돌아다니는 것을 천성적으로 싫어하는지라 그는 온종일 방 안을 서성이며 소일했다.

그러던 어느 날, 그는 병풍 틈에 낀 누런 종이 뭉치 하나를 발견하게 됐다.

"아니, 저것은?"

책이었다. 내관들이 하도 많은 책을 나르다 보니 병풍 틈에 책 하나가 끼어 있는 것을 발견하지 못했던 것이다. 세종이 너무 기뻐 얼른 책을 빼내어 정좌를 하고 책장을 펼쳤다. 그는 책장을 넘기며 중얼거렸다.

"내 눈병에는 약이 없다. 오직 네가 명약名藥일 따름이야."

진실한 행실

재 여 주 침 자 왈 후 목 불 가 조 야 분 토 지 장 불 가 오 야

宰予晝寢. 子曰朽木不可雕也. 糞土之墻, 不可汚也.

재여가 낮잠을 자는데 공자가 말하였다. 썩은 나무는 조각을 할 수 없고,
썩은 흙으로 만든 담은 흙손질을 할 수 없다. (즉 재여를 썩은 나무, 썩은 흙에 비유했다.)

– 정기편

공자의 제자인 재여宰予가 방에서 학문은 하지 않고 낮잠을 자고 있었다.

마당을 지나던 공자가 이 광경을 보자 혀를 차며 말했다.

"썩은 나무에는 조각을 할 수가 없고, 썩은 흙으로 쌓은 담은 손질하기 어려운 법이다. 그러니 자고 있는 재여를 꾸짖은들 무슨 소용이 있겠는가?"

그때 마당을 청소하던 제자 하나가 공자에게 다가와 물었다.

"그것이 무슨 뜻이옵니까?"

공자가 답했다.

"과거에 나는 남의 말만 듣고 일단 믿게 되면, 그것으로 미루어 행

실까지도 믿었는데 이제는 아니다. 이제는 남의 말을 듣더라도 반드시 그의 행실을 본 후에 믿기로 했다. 내가 그렇게 바뀐 것은 모두 재여 때문이다."

질문을 한 제자가 비로소 답을 구한 듯 고개를 끄덕였다.

어리석은 판결

경행록 운 빈객불래문호속 시서무교자손우
景行錄 云 賓客不來門户俗, 詩書無敎子孫愚.

《경행록》에서 말하였다. 손님의 출입이 없으면 집안이 저속해지고,
시서(詩書)를 가르치지 않으면 자손이 어리석어진다.

– 훈자편

어리석은 아들을 둔 정승이 있었다.

정승은 너무 고지식해서 집에 다른 사람들이 찾아오는 것을 몹시 싫어했다. 심지어는 아들의 공부를 가르치는 선생들마저도 시간을 정해 출입할 정도였다. 정승의 아들은 매우 미련했다.

그런 정승의 아들이 아버지 덕분에 한 고을의 사또로 부임했다. 그러나 워낙 배운 것이 없어 백성들을 제대로 다스리지 못했다.

한번은 어떤 사람이 남의 소를 빌렸는데, 돌다리를 건너다가 그 소가 발을 헛디뎌 다리 아래로 굴러떨어져 죽는 사건이 발생했다.

"이것은 소의 잘못입니까? 아니면 소를 빌린 사람의 잘못입니까?"

두 사람이 사또를 찾아와 판결을 청했다.

그러나 사또는 어떻게 판결을 내려야 할지 몰라 안방으로 들어가 아버지에게 물었다. 그러자 아버지가 말했다.

"이미 죽은 것을 어찌하겠느냐? 소의 껍질은 벗겨 관가에 바치고, 고기는 팔아서 송아지를 사라고 판결을 내리거라."

사또는 아버지가 가르쳐준 대로 판결을 내렸다.

이튿날, 또 하나의 사건이 벌어졌다.

어느 사내 하나가 사또 앞에 무릎을 꿇고 억울함을 호소했다.

"세금을 걷으러 온 관리가 제 아버지와 말다툼을 벌이다 화를 참지 못하고 그만 제 아버지를 때려죽였습니다. 부디 판결을 내려 주십시오."

사또는 이번에도 어떻게 판결을 내려야 좋을지 몰라 아버지에게 가려고 했다. 그러나 명색이 사또인데 너무 자주 아버지에게 의지하는 것 같아 그만두기로 하고 판결을 내렸다.

"이미 죽은 것을 어찌하겠느냐? 껍질은 벗겨 관가에 바치고, 고기는 팔아서 어린아이를 사거라."

사또의 판결을 들은 사내는 얼굴이 붉으락푸르락하여 어찌할 바를 몰라 했다.

그날 밤, 사내는 마을 사람들에게 사또의 판결 사실을 알리고 분노하는 마을 사람들을 이끌고 관가로 쳐들어갔다. 한밤중에 기습을 받은 사또는 옷을 챙겨 입을 겨를도 없이 마을 밖으로 달아나야만 했다.

황금을 파묻은 어머니

한서 운 황금만영 불여교자일경
漢書 云 黃金滿籯, 不如教子一經.

사자천금 불여교자일예
賜子千金, 不如教子一藝.

《한서》에서 말하였다.
황금이 상자에 가득 차 있다 해도 자식에게 경서 하나를 가르치는 것보다 못하고,
자식에게 천금을 물려준다 해도 기술 한 가지를 가르치는 것보다 못하다.

– 훈자편

조선 후기의 문신 김학성金學成은 어려서 아버지를 여의고 홀어머니 밑에서 자랐다. 그의 어머니는 비록 가난했지만, 자식 교육은 대단히 엄하게 가르쳤다. 어머니는 곤궁한 살림을 이어가기 위해 바느질 일을 하기도 하고 삯방아를 찧기도 했다.

아침부터 비가 내리던 어느 날이었다.

어머니는 밖에 나가지 않고 뒤뜰에서 삯방아를 찧고 있었다. 그런데 갑자기 어디선가 쇳소리가 들려오기 시작했다. 방아질을 멈추고 가만히 귀를 기울여 보니 뒤뜰 한복판에서 나는 소리였다. 이상하게 여긴 어머니는 소리 나는 쪽으로 다가가 보았다. 그런데 빗물에 땅이 패여 쇠 항아리 한 개가 밖으로 드러나 있었다.

"웬 항아리지?"

어머니는 궁금해서 땅을 파고 항아리를 꺼냈다. 항아리 뚜껑을 여는 순간 어머니는 가슴이 철렁 내려앉았다. 뜻밖에도 금덩이가 가득 들어 있었던 것이다. 그 정도의 금덩이라면 평생을 놀고먹을 수가 있었다.

'이 금덩이는 불행을 가져다줄지도 모른다. 부자가 되면 사람이 게을러지게 마련이거든.'

어머니는 땅을 더 깊이 파고 항아리를 묻었다. 그것도 모자라 집을 팔아 버리고 아예 다른 곳으로 이사를 가 버렸다.

세월이 흘러 김학성과 동생이 모두 과거에 급제하여 벼슬길에 나가게 됐다. 어머니는 그제야 두 아들을 앉혀 놓고 항아리 이야기를 꺼냈다.

"지금 생각해 보아도 그때 항아리를 버리고 다른 곳으로 이사를 간 것은 아주 잘한 일이었다."

"하지만 그때 어머니께서는 그 정도의 금이면 고생을 하지 않으셔도 됐을 텐데요?"

동생의 물음에 어머니는 입가에 미소를 띠며 대답했다.

"꼭 그렇지만은 않단다. 노력 없이 얻은 재물은 반드시 사람을 게으르게 만든단다. 그때 우리 가족이 갑자기 많은 돈을 갖게 됐다면 너희들은 분명히 공부를 게을리했을 것이다. 그러니 그깟 금덩이보다는 너희들이 훌륭하게 된 것이 훨씬 더 나은 결과가 아니겠니?"

증자와 오기의 약속

장자왈 사수소 부작불성 자수현 불교불명
莊子曰 事雖小, 不作不成. 子雖賢, 不教不明.

장자가 말하였다. 일이 비록 작더라도 하지 않으면 이루지 못할 것이요,
자식이 비록 뛰어나더라도 가르치지 않으면 현명해지지 못한다.

– 훈자편

증자의 아내가 시장에 가려고 하자 어린 아들이 칭얼거리며 따라왔다. 그녀는 아이를 달래려고 이렇게 말했다.

"집으로 돌아가 있거라. 시장에 다녀와서 돼지고기를 삶아 줄 테니."

그녀가 일을 보고 집으로 돌아오자 증자가 돼지를 잡으려고 칼을 갈고 있었다. 증자의 아내가 놀라 남편에게 말했다.

"정말 돼지를 잡을 참이에요? 저는 그저 아이를 달래려고 말했던 건데……."

증자가 나직이 말했다.

"아이에겐 실없는 말을 해서는 안 되오. 아이들은 무엇이든 부모의

흉내를 내고 배우려 하기 마련인데, 아무렇게나 말을 해 놓고 행하지 않는다면 어찌 교육을 시킬 수 있고, 또한 아이가 총명해지기를 바란단 말이오."

결국 증자는 돼지를 잡아 아들에게 주고 어머니의 말을 믿도록 만들었다.

위衛나라 오기吳起가 외출을 했다가 옛 친구를 만나 식사 대접을 하겠다고 말했다. 친구는 오기의 초청에 흔쾌히 응했으나, 지금 당장은 일이 있어 갈 수 없고, 몇 시간 뒤에 가겠다고 했다.

"알겠네. 자네가 올 때까지 식사를 하지 않고 기다리겠네."

오기는 집으로 돌아와 음식을 차려놓은 채 친구를 기다렸다.

그런데 해가 저물었는데도 친구는 오지 않았다. 그래도 오기는 음식을 먹지 않고 친구를 기다리다 그만 밤을 꼬박 새우고 말았다.

이튿날 아침, 오기는 사람을 시켜 그 친구를 불러왔다. 그리고 함께 식사를 했다.

서경덕의 공부법

논 어 왈 학 여 불 급 유 공 실 지
論語曰 學如不及, 猶恐失之.

《논어》에서 말하였다. 배울 때는 늘 모자라는 듯이 하고, 배운 것은 잊지 말라.

– 근학편

화담花潭 서경덕徐敬德은 머리가 영리했으나 집안이 가난하여 거의 독학으로 공부를 한 사람이었다. 그는 부친의 뜻을 받들어 진사 시험에 합격했으나 대과를 포기하고 화담이라는 연못가에 정자를 짓고 그곳에서 학문에 전념했다.

학문이라고는 하나 그의 공부 방법은 특이했다.

예를 들어, 하늘의 이치를 알고자 하면, 하늘 천天 자를 크게 써서 벽에 붙이고는 정좌를 한 채 며칠이고 그것을 노려보았다. 그러다가 확실한 깨달음이 왔을 때야 그 글자를 떼어 내고 다음 공부를 하곤 했다. 이렇게 몇 년을 공부하다 보니 어느새 사물의 이치를 깨달을 수가 있었다.

공부를 마치고 마을로 내려와 친구들을 만난 자리에서 한 친구가 그에게 물었다.

"자네는 보통 사람과는 달리 특이하게 공부를 했다고 하는데, 왜 그 방법으로 공부를 했는가?"

서경덕이 담담하게 대답했다.

"알다시피 나는 가세가 좋지 않아 훌륭한 스승을 구하지 못했네. 그래서 보통 사람들보다 열 배 스무 배 더 연구하지 않으면 안 되는 처지여서 그 방법을 택했던 것이네."

그의 말에 친구들은 모두 고개를 끄덕였다.

우둔한 사또의 셈법

무 약 가 의 경 상 수 유 전 난 매 자 손 현
無藥可醫卿相壽, 有錢難買子孫賢.

재상과 같은 귀한 목숨도 구할 약이 없으며, 돈으로도 자손의 현명함은 살 수 없다.

– 성심편

조선 효종 때 정승을 지낸 노인 한 사람이 병으로 몸져누웠다. 아무리 좋은 약을 써도 그의 병은 낫지 않았다.

'이제 조용히 죽음을 맞이해야겠구나.'

그는 그렇게 마음을 먹고 주변을 하나씩 정리하기 시작했다. 그는 생전에 돈과 재물은 많이 모았지만 큰 걱정거리가 하나 있었다. 하나뿐인 자식의 교육은 실패했던 것이다. 나라 안의 유명한 석학들을 초빙해서 아들을 가르쳤지만 좀처럼 학문을 깨우치지 못했다.

그래서 그는 자신의 전 재산을 거의 다 주다시피 해서 아들을 작은 고을의 사또 자리에 앉혀 놓고 눈을 감았다.

돈으로 사또가 된 아들은 거위 기르기를 아주 좋아했다. 그래서 그는 평상시에도 마당에 거위를 풀어놓고 길렀다.

하루는 사또의 집에서 일하는 하인 하나가 몰래 거위를 훔쳤다. 그 하인은 효성이 지극한 자였는데 병중에 있는 노모에게 약으로 쓸 요량이었다.

이튿날 아침, 평소처럼 사또는 마당에서 노닐고 있는 거위의 숫자를 세기 시작했다. 그런데 사또는 그 나이가 되도록 셈법을 제대로 익히지 못해 하나에서 열까지밖에 세지 못했다. 그래서 나름대로 요령을 터득해 열 마리 이후부터는 두 마리를 하나로 묶어 짝을 맞추는 방법으로 거위의 수를 헤아렸다.

"하나, 둘, 셋……열. 한 짝, 또 한 짝, 또 한 짝……."

그렇게 셈을 해 나가다가 사또는 갑자기 눈이 둥그레졌다.

"아니, 짝이 안 맞잖아? 한 마리가 없어졌네!"

사또는 무슨 큰일이라도 난 것처럼 소리를 질렀다.

어제까지만 해도 짝이 맞았던 거위가 마지막에 한 마리 남았으니 그의 계산으로는 분명히 한 마리가 없어진 것이었다.

거위를 훔친 하인은 그 광경을 지켜보고 있다가 꾀를 내어 그날 저녁에 다시 거위 한 마리를 몰래 잡아다 어머니의 약으로 썼다.

그 이튿날 아침, 사또는 또 거위의 수를 세기 시작했다.

"한 짝, 또 한 짝……. 아! 이제야 짝이 맞는군. 어제는 내가 숫자를 잘못 세었나 보군."

사또는 만족한 듯 입가에 웃음을 띠며 좋아했다.

진정한 부자

태공왈 양전만경 불여박예수신
太公曰 良田萬頃, 不如薄藝隨身.

태공이 말하였다. 좋은 밭 1만 이랑도 하찮은 재주 한 가지를 몸에 지니는 것만 못하다.

– 성심편

커다란 배 한 척이 바다 한가운데를 떠가고 있었다.

그 배 안에는 내로라하는 부자들이 많이 타고 있었다. 부자들은 서로 자기 재물이 더 많다고 자랑을 늘어놓았다. 그러나 누구의 재물이 더 많은지 쉽게 우열이 가려지지 않자 서로의 자랑도 시들해졌다. 그래서 부자들은 아까부터 한쪽에 말없이 앉아 있던 남자에게 시비를 걸었다.

"보아하니 당신은 가난한 사람 같은데, 당신 재산은 얼마나 되오?"

부자 하나가 남자에게 이죽거렸다.

그러자 조용히 듣고만 있던 남자가 입을 열었다.

"이 배 안에서 제일 부자는 바로 나요."

이 말을 들은 부자들이 큰 소리로 웃었다.

"도대체 당신이 얼마나 부자인데 그러시오? 어디 한번 봅시다."

남자도 가볍게 미소를 지으며 말했다.

"지금 당장 공개할 생각은 없소."

그런데 얼마 지나지 않아 그들이 탄 배가 해적 떼의 습격을 받고 말았다. 배에 탄 사람들은 가지고 있던 재물은 물론 옷까지 몽땅 빼앗겼다.

세월이 흐르고, 남자는 아이들을 가르치는 선생이 됐다.

어느 날, 예전에 배에 함께 탔던 부자 한 사람을 우연히 만났다. 그는 그때 해적들에게 재물을 빼앗긴 뒤로 가난뱅이가 됐다. 그가 탄식을 하며 남자에게 말했다.

"역시 그때 당신 말이 옳았소. 우리가 갖고 있던 금은보화는 잃어버리면 그만이지만, 당신이 가진 지식은 영원히 없어지지 않는 재산이오."

제 주제를 모르는 화가

불 한 자 가 급 승 단 　지 한 타 가 고 정 심
不恨自家汲繩短, 只恨他家苦井深.

자기 집 두레박줄이 짧은 것은 탓하지 않고 남의 집 우물 깊은 것만 탓하는구나.

– 성심편

옛날에 초상화를 그려서 먹고사는 화가가 있었다. 그런데 어찌 된 일인지 도무지 손님이 찾아오지 않았다.

"사람들이 내가 초상화를 그린다는 사실을 몰라서 찾아오지 않는 게 아닐까?"

화가가 그런 생각을 하고 있던 차에 어떤 사람이 가게로 들어와 그에게 이렇게 말했다.

"여기가 초상화를 그리는 집이오?"

"예, 맞습니다."

"그런데 밖에서 보면 초상화를 그리는 집인지, 점을 치는 집인지 도무지 분간을 할 수가 없구려."

화가는 이 말에 공감하면서, 어떻게 하면 초상화 그리는 집이라는 사실을 알릴 수 있는지 방법을 물었다.

"당신 부부의 초상화를 그려서 간판처럼 문 앞에 걸어 놓으면 어떻겠소?"

"우리 부부의 초상화를요?"

"그러면 모든 사람이 그 그림을 보고 초상화를 그리는 집인 줄 알아볼 게 아니오."

"그거 좋은 생각이네요. 고맙습니다."

화가는 얼른 자기와 부인이 나란히 앉아 있는 초상화 한 장을 그려 가게 앞에 걸어 놓았다.

하루는 화가의 장인이 가게로 찾아와서 그 그림을 보고 물었다.

"이보게, 이 여자가 누군가?"

화가가 얼굴을 찡그리며 대답했다.

"장인어른은 따님의 얼굴도 몰라보십니까?"

그러자 장인은 고개를 갸우뚱하더니 다시 물었다.

"그런데 왜 내 딸이 낯모르는 남정네와 나란히 앉아 있는가?"

부자 마을을 지키는 사람

이스라엘의 어느 지방을 여행하던 랍비가 한 부자 마을에 도착하여 심부름을 하는 청년에게 이렇게 말했다.

"이 마을을 지키고 있는 분을 만나고 싶으니 가서 모셔 오게."

그러자 청년은 경찰서장을 데려왔다.

랍비는 경찰서장을 그냥 돌려보낸 뒤, 청년에게 다시 말했다.

"이 마을을 지키고 있는 분을 만나고 싶으니, 다시 가서 그분을 모셔 오게."

이번에는 청년이 군인 대장을 데려왔다. 랍비는 이번에도 군인 대장을 그냥 돌려보내고 다시 말했다.

"이 마을을 지키는 사람을 모셔 오게."

청년은 도대체 누구를 데려오라는 말인지 몰라 너무 답답했다.

"랍비님, 이 마을을 지키는 사람이 도대체 누구입니까?"

참다못해 청년이 랍비에게 물어보았다.

랍비는 미소를 지으며 청년에게 말했다.

"이 마을을 지키는 분은 경찰이나 군인이 아닐세. 바로 학교 선생님이라네."

"선생님이요?"

"군인이나 경찰도 재산을 지켜 주는 분들일세. 하지만 이 마을이 잘 사는 것은 돈이 많아서가 아니라 열심히 공부하는 사람들이 많아서 그런 것일세. 그러니 선생님이 이 마을을 지키는 분이 아니겠는가?"

주문공왈
朱文公曰

가약빈 불가인빈이폐학
家若貧 不可因貧而廢學

가약부 불가시부이태학
家若富 不可恃富而怠學

빈약근학 가이입신
貧若勤學 可以立身

부약근학 명내광영
富若勤學 名乃光榮

유견학자현달 불견학자무성
惟見學者顯達 不見學者無成

학자내신지보 학자내세지진
學者乃身之寶 學者乃世之珍

시고 학칙내위군자 불학칙위소인
是故 學則乃爲君子 不學則爲小人

후지학자 의각면지
後之學者 宜各勉之

주문공이 말하였다.

만약 집이 가난하더라도 가난으로 인하여 배우는 것을 그만두지 말 것이요,

만약 집이 부유하더라도 부유한 것을 믿고 학문을 게을리 해서는 안 된다.

만약 가난한 자가 부지런히 배운다면 몸을 세울 수 있을 것이요,

만약 부유한 자가 부지런히 배운다면 이름이 더욱 빛날 것이다.

오로지 배운 자만이 훌륭해지는 것을 보았으며,

배운 사람이 성취하지 못하는 것은 본 적이 없다.

배움이란 곧 자신의 보배요,

배운 사람은 곧 세상의 보배이다.

그러므로 배우면 군자가 되고,

배우지 않으면 천한 소인이 될 것이니

앞으로 배울 사람들은 마땅히 힘써 공부해야 한다.

明心寶鑑

5
슬기로움을 키우려면

묵자의 겸손

서 왈 만초손 겸수익
書曰 滿招損 謙受益.

《서경》에서 말하였다. 가득 차면 손해를 부르고, 겸손하면 이로움을 얻는다.

– 안분편

묵자는 3년이나 걸려 나무로 연을 만들었다. 그러고선 연을 가지고 나가 하늘에 날려 보았는데, 하루 만에 망가지고 말았다.

이를 두고 제자가 묵자에게 말했다.

"나무로 연을 만들어 하늘로 날리시다니, 참으로 솜씨가 훌륭하십니다."

그러자 제자의 말을 받아 묵자가 말했다.

"하지만 나는 수레의 축을 만드는 자의 교묘한 솜씨를 따를 수는 없다. 수레의 축은 짧은 통나무로 아침나절에 만들어 내어 30석의 무거운 짐을 먼 곳까지 운반할 수가 있다. 또한 오랫동안 사용할 수도 있다. 이에 반해 나는 나무 연을 완성하는 데만 3년을 소비했고, 단지 하루 만에 무용지물로 만들어 버리고 말았다."

나중에 혜자가 이 일화를 전해 듣고 말했다.

"묵자는 참으로 훌륭한 솜씨를 지닌 사람이다. 왜냐하면 실용성 많은 수레의 축을 만드는 일은 훌륭하다고 칭찬하면서, 실용 가치가 없는 연을 만드는 자신의 솜씨는 졸렬하다고 말했기 때문이다."

이후 묵자의 실용적인 사고방식과 겸손함은 뭇사람의 귀감이 됐다고 한다.

욕심이 부른 화

격양시왈 안분신무욕 지기심자한
擊壤詩曰 安分身無辱, 知機心自閑.

수거인세상 각시출인간
雖居人世上, 却是出人間.

《격양시》에서 말하였다. 편안한 마음으로 분수를 지키면 몸에 욕됨이 없을 것이요,
세상 돌아가는 형편을 잘 알면 마음이 저절로 한가해질 것이니,
이는 비록 인간 세상에 살더라도 인간 세상에서 벗어나 있는 것과 같다.

– 안분편

어느 농부의 집 선반 위에 나무껍질이 하나 놓여 있었다. 집안 식구들은 아무도 나무껍질에 관심을 갖지 않았다. 그러자 하루는 나무껍질이 오기를 부렸다.

'쳇, 도무지 나한테는 관심이 없군. 내가 사람이 아니라서 관심을 갖지 않는 모양이니 신에게 찾아가 사람으로 만들어 달라고 해야지.'

"저를 사람으로 만들어 주시면 꼭 쓸모 있는 존재가 되겠습니다. 제발 사람으로 만들어 주십시오."

인간이 된 나무껍질은 신에게 약속한 대로 열심히 일하며 하루하루를 보냈다. 나무껍질은 처음 얼마간은 묵묵히 일을 했지만, 차츰 일이 귀찮아져 꾀를 부리기 시작했다.

'아, 피곤하다. 부자들은 일도 하지 않고 놀고먹기만 하니 얼마나 편하고 좋을까. 나도 신에게 찾아가서 부자로 만들어 달래야겠다.'

그래서 나무껍질은 다시 신에게 찾아가 부자로 만들어 달라고 부탁했다. 부자가 된 나무껍질은 하인을 거느리며 편안한 생활을 하게 됐다.

하지만 부자생활도 그리 오래가지 않았다. 부자는 몸은 편하지만 명예롭지 못했던 것이다.

'여러 사람에게 존경을 받으려면 역시 왕이 되는 게 낫겠지?'

이렇게 생각한 나무껍질은 다시 신에게 찾아가 왕으로 만들어 달라고 부탁했다. 이번에도 신은 나무껍질의 소원을 들어주었다.

궁궐에서 여러 신하를 거느리며 왕으로 생활하던 나무껍질은 시간이 지나자 다시 새로운 욕심이 생겼다.

'왕보다 더 높은 자리는 없을까? 옳지. 신이 된다면 더 이상 오를 자리가 없겠지. 그래, 나도 신이 되는 거다.'

나무껍질은 다시 신에게 찾아가 부탁했다.

"제 마지막 소원입니다. 저도 신으로 만들어 주십시오."

그러나 신은 이 말을 듣자 크게 노했다.

"정말이지 욕심이 많은 놈이로구나. 나무껍질 주제에 왕으로 만들어 주었으면 됐지, 감히 내 자리까지 노리다니. 할 수 없구나. 너는 제자리로 돌아가야 정신을 차릴 놈이야."

나무껍질은 순식간에 원래 모습으로 농부의 집 선반 위에 놓이게 됐다.

임금에게 술을 끊게 한 안자

남년장대 막습악주 여년장대 막령유주
男年長大, 莫習樂酒. 女年長大, 莫令遊走.

사내아이가 장성해 가거든 풍류나 술을 익히지 못하도록 하고,
계집아이가 장성해 가거든 놀러 다니지 못하게 하라.

— 훈자편

제齊나라 군후君侯 경공景公이 일곱 낮 일곱 밤을 쉬지 않고 술을 마시자 이를 보다 못한 신하 현장弦章이 나서서 죽음을 각오하고 간했다.

"전하께서는 오늘까지 꼬박 일곱 낮 일곱 밤 동안 술을 드셨습니다. 원컨대, 전하께서는 술을 끊으시옵소서. 그렇지 않으시다면 제게 죽음을 내려 주십시오."

현장의 간언이 너무 강해 경공은 재상인 안자晏子를 불러들였다. 안자가 들어오자 경공이 말했다.

"현장이 와서 내게 간하기를, 술을 끊으라고 하면서 끊지 않으면 자기를 죽여 달라고 했소."

"저도 이미 들어서 알고 있습니다."

안자가 대답했다.

"만약 그자의 말이 옳다고 그의 말을 들어주면 신하에게 제재를 받는 것이 될 것이고, 듣지 않는다면 그가 죽어 슬플 텐데 어찌하면 좋겠소?"

안자가 아뢰었다.

"현장이 전하를 찾아뵌 것은 참으로 다행인 일입니다. 만약 현장이 걸왕桀王이나 주왕紂王 같은 임금을 만났다면, 이미 그의 목숨은 끊어진 지 오래였을 것입니다."

이에 경공은 마침내 술을 끊었다.

걸왕과 주왕은 고대 중국의 두 폭군이었다.

하늘과 땅이 아는 사실

현 제 수 훈 왈　인 간 사 어　천 청 약 뢰　암 실 기 심　신 목 여 전
玄帝垂訓曰, 人間私語, 天聽若雷. 暗室欺心, 神目如電.

현제가 말하였다. 인간의 사사로운 말도 하늘이 들으면 우레와 같고,
어두운 방일지라도 마음을 속이면 귀신의 눈은 마치 번개와 같아서 속일 수가 없다.

– 천명편

중국 후한後漢 때 양진楊震이라는 사람은 학문이 깊고 마음이 깨끗하여 많은 사람에게 존경을 받았다.

양진이 산동성의 동래 태수로 있을 때였다.

하루는 일을 보기 위해 먼 길을 떠났다가 날이 저물어 창읍이라는 고장에서 묵게 됐다. 그런데 그날 밤, 창읍의 현령縣令, 군수으로 있는 왕밀王密이라는 자가 몰래 양진을 찾아왔다. 왕밀은 예전에 양진의 천거를 받아 벼슬에 오른 자였다.

"지난날 태수님의 은혜를 입어 오늘날 벼슬자리에 오르게 됐으니 그 은혜를 어떻게 갚아야 할지 모르겠습니다."

그러면서 왕밀은 품에 지니고 온 보자기 하나를 꺼내 양진에게 슬

며시 내밀었다.

"이것이 뭔가?"

"제게 베푸신 은혜를 조금이라도 갚고자 황금 10돈을 준비했으니 받아 주십시오."

그러자 양진은 갑자기 화를 내며 소리쳤다.

"이 사람아! 이게 무슨 짓인가? 내가 이따위 금덩이나 받으려고 자네를 천거한 줄 아는가?"

"태수님의 강직하신 성격을 잘 알고 있습니다만, 이것은 뇌물이 아니고 제 성의입니다. 부디 받아 주십시오."

왕밀은 사정하다시피 머리를 조아렸다. 하지만 그럴수록 양진은 더욱 화를 냈다.

"허어, 이 사람이 그래도……. 내 성격을 잘 안다는 사람이 왜 이렇게 귀찮게 하는가?"

"태수님, 지금은 한밤중입니다. 그리고 이 방에는 저와 태수님밖에 없습니다. 누가 이 사실을 알겠습니까?"

그 말에 양진은 혀를 차며 말했다.

"쯧쯧, 참으로 딱한 사람이로구먼. 어찌 생각이 그리 좁은가?"

"예? 무슨 말씀인지……."

"지금 이 방에서 벌어지고 있는 일을 아무도 모른다는 말은 당치도 않네. 하늘이 알고 땅이 알고, 또한 자네와 내가 알고 있는 사실이 아닌가?"

왕밀은 그제야 깨달은 바가 있어 허둥지둥 방을 빠져나갔다.

요리사의 세 가지 죄

진晉나라 문공 때의 일이다.

하루는 요리사가 생선 요리를 올렸는데, 어찌 된 영문인지 생선에 머리카락이 붙어 있었다. 문공은 요리사를 불러 호통을 쳤다.

"이런 고얀 일이 있나! 너는 과인이 머리카락을 삼켜 목구멍이 막히도록 할 작정이었구나. 당장 저자의 목을 쳐라!"

요리사는 너무 억울하여 하늘을 쳐다보며 탄식한 다음 이렇게 말했다.

"제가 세 가지 죽을죄를 지은 것만은 틀림없습니다."

문공이 그 세 가지 죄가 무엇이냐고 묻자 요리사가 대답했다.

"송구하옵니다. 숫돌에 간 칼은 예리하기가 명검과 같은데 그 칼로 생선은 잘랐으나 머리카락은 자르지 못했으니, 이것이 제 첫 번째 죄입니다. 또한 날카로운 꼬챙이로 생선을 꿰뚫었으나 머리카락은 뚫지 못했으니, 이것이 두 번째 죄입니다. 그리고 생선을 활활 타는 숯불에 구웠으나 머리카락은 태우지 못했으니, 이것이 세 번째 죄입니다."

요리사의 말을 들은 문공은 고개를 끄덕였다. 요리사가 말을 이었다.

"혹시 저를 시기하는 아랫사람들이 저지른 소행일 수도 있사오니, 부디 진상을 밝혀 주십시오."

문공은 요리사의 청대로 아랫사람들을 불러 문초하자 과연 범인이 가려져 그를 벌했다.

神宗皇帝御製曰 遠非道之財 戒過度之酒
신종황제어제왈 원비도지재 계과도지주

居必擇隣 交必擇友
거필택린 교필택우

嫉妬勿起於心 讒言勿宣於口
질투물기어심 참언물선어구

骨肉貧者莫疎 他人富者莫厚
골육빈자막소 타인부자막후

克己以勤儉爲先 愛衆以謙和爲首
극기이근검위선 애중이겸화위수

常思己往之非 每念未來之咎
상사기왕지비 매념미래지구

若依朕之斯言 治國可而可久
약의짐지사언 치국가이가구

신종황제가 말하였다.

사람으로서 마땅히 지켜야 할 도가 아닌 재물은 멀리하고, 정도에 지나친 술은 경계하며,
반드시 이웃을 가려 살고, 벗을 가려 사귀며, 남을 시기하는 마음을 일으키지 말라.
남을 헐뜯어 말하지 말고, 형제자매 사이에 가난한 자를 소홀히 여기지 말며,
부유한 자에게 아첨하지 말라.
자신의 사욕을 극복하는 것은 부지런하고 아껴 쓰는 것이 으뜸이고,
사람을 사랑하되 겸손하고 화평함을 으뜸으로 삼을 것이며,
언제나 과거의 잘못을 생각하고 또한 앞날의 허물을 생각하라.
나의 이 말을 따른다면 나라와 집안의 다스림이 오래 갈 것이다.

한신의 참을성

경 행 록 운 굴 기 자 능 처 중 호 승 자 필 우 적
景行錄 云 屈己者, 能處重. 好勝者, 必遇敵.

《경행록》에서 말하였다. 자기를 굽혀 양보하는 자는 능히 중요한 지위에 있게 될 것이요, 이기기를 좋아하는 자는 반드시 적을 만나게 된다.

– 계성편

진秦나라의 한신韓信은 한고조漢高祖 유방劉邦을 도와 천하를 통일하는 데 큰 공을 세운 인물이었다. 그는 어려서 집이 가난하여 허구한 날 굶기가 일쑤였다.

하루는 마을의 불량배 패거리들이 한신을 얕잡아 보고 이렇게 말했다.

"살고 싶으면 내 바짓가랑이 밑으로 기어가라."

주위에는 여러 사람이 모여 있었다. 그들의 말대로 한다면 큰 망신을 당하는 일이었지만 한신은 고개를 숙이고 바짓가랑이 밑으로 기어 나왔다. 그러자 모여 있던 사람들은 한신을 겁쟁이라고 비웃었다.

어려서 이 같은 수모를 당한 한신은 그 후 전쟁에서 여러 차례 큰 공을 세워 제齊나라 왕에 봉해졌다. 그때 그는 어려서 자신을 욕보였던 불량배를 내치지 않고, 오히려 벼슬을 주었다고 한다.

우물 속의 달

장 자 왈 　인 지 불 학 　여 등 천 이 무 술
莊子曰 人之不學, 如登天而無術.

학 이 지 원 　여 피 상 운 이 도 청 천 　등 고 산 이 망 사 해
學而智遠, 如披祥雲而覩青天. 登高山而望四海.

장자가 말하였다. 사람이 배우지 않으면 재주도 없이 하늘에 오르려는 것과 같고,
배워서 지혜가 깊어지면 상서로운 구름을 헤치고 푸른 하늘을 보며
산에 올라 온 세상을 바라보는 것과 같다.

– 근학편

옛날 어느 성의 빈터에 한 떼의 원숭이 무리가 살고 있었다. 원숭이들은 숲속에서 놀다가 나무 아래에 이르렀고, 그 나무 아래에는 깊은 우물이 있었다. 그리고 우물 속에는 달이 비치고 있었다.

원숭이 무리의 대장 원숭이가 우물 속에 달이 비치고 있는 것을 보고 다른 원숭이들에게 말했다.

"달이 우물 속에 빠져서 죽어 가는구나. 우리 힘을 합쳐서 달을 꺼내자. 그래야 세상의 긴 밤을 밝혀 줄 것 아니냐?"

그리하여 원숭이들은 우물에서 달을 꺼내는 방법을 의논하기 시작했다.

"어떻게 달을 꺼내지?"

생각에 잠겨 있던 대장 원숭이가 말했다.

"이렇게 하자."

"어떻게요?"

"내가 맨 위에서 나뭇가지를 잡으면 너희 중 하나가 내 꼬리를 잡고, 그다음에 하나가 꼬리를 잡고…… 그렇게 줄줄이 이어가다 보면 우물 밑에 닿을 수 있을 거야. 그러면 달을 꺼낼 수 있지 않겠니?"

대장의 말에 따라 원숭이들이 줄줄이 서로의 꼬리를 잡으면서 우물 속으로 들어갔다. 그러다가 대장 원숭이가 잡았던 나뭇가지가 부러져 버렸다.

"으악!"

대장 원숭이를 비롯하여 그 밑으로 서로의 꼬리를 잡고 있던 원숭이들이 모두 우물 속으로 떨어졌다.

사람들은 이 이야기를 전해 듣고 이렇게 말했다.

"참 무식한 원숭이들이구나. 왜 고개를 숙여 우물 속의 달만 쳐다보았을까? 한 번만 고개를 들면 하늘의 달을 볼 수 있었을 텐데."

여왕과 아내

태 공 왈 치 인 외 부 현 여 경 부
太公曰 痴人畏婦, 賢女敬夫.

태공이 말하였다. 어리석은 자는 아내를 두려워하고, 어진 여인은 남편을 공경한다.

– 치가편

영국의 빅토리아 여왕은 '군림君臨하되 통치하지 않는다'는 원칙에 따라 나라를 이끌었던 사람이다.

여왕의 남편은 독일 출신인 앨버트 공公으로, 처음에 그녀는 남편에게 애정을 갖지 않았으며 국민들도 그를 백안시白眼視했다. 그러나 그는 고결한 인격과 풍부한 교양으로 여왕에게 좋은 조언을 하며 공사公事와 가정생활에서 그녀를 뒷받침했다. 이기적인 면이 있었던 그녀가 마침내 존경받는 여왕으로 군림하게 된 것도 남편의 도움 덕분이었으며, 시간이 지나면서 그녀도 남편의 인품에 감화돼 깊이 사랑하게 됐다.

하루는 여왕과 앨버트 공이 말다툼을 벌였다.

앨버트는 몹시 흥분하여 자신의 침실로 들어가 문을 잠가 버렸다. 평소 아내의 이기심을 고쳐 주려고 애쓰던 앨버트였지만, 이번만큼은 차마 넘길 수가 없었다.

여왕은 다툼을 벌이고 나서 가만히 생각해보니 자신이 잘못했다는 생각이 들어 남편의 방으로 찾아가 문을 두드렸다.

"누구요?"

남편이 안에서 물었다. 여왕은 금방 화를 풀고 찾아온 것이 계면쩍었는지 이렇게 대답했다.

"영국 여왕입니다."

그 말에 앨버트는 더욱 화가 나 문을 열어 주지 않았다. 여왕도 화가 나 다시 문을 두드리며 말했다.

"어서 문 열어요!"

앨버트는 자신의 감정을 누르며 다시 물었다.

"누구요?"

이대로는 안 되겠다는 생각이 들었는지 여왕은 마음을 가라앉히고 말했다.

"열어 주세요. 나예요."

그래도 앨버트는 문을 열지 않고 똑같은 질문을 던졌다.

"누구요?"

여왕은 마침내 한 아내로 돌아와 남편의 물음에 답했다.

"당신의 아내입니다."

앨버트는 그 대답을 듣고서야 문을 열어 주었다.

마음으로 말을 들은 갈매기

군평왈 구설자 화환지문 멸신지부야
君平曰 口舌者, 禍患之門, 滅身之斧也.

군평이 말하였다. 입과 혀는 화와 근심의 근본이며,
몸을 망하게 하는 도끼와 같은 것이니 말을 삼가야 한다.

– 언어편

갈매기를 좋아하는 사람이 어느 바닷가에 살고 있었다.

그는 매일 날이 밝기가 무섭게 바닷가로 나가 갈매기와 노는 것을 낙으로 삼고 있는 자였다. 갈매기도 그런 그를 알아보았는지 한 마리 두 마리 모여들더니 나중에는 수백 마리의 갈매기가 그의 주변으로 모여들었다.

그러던 어느 날 아침이었다.

여느 때와 같이 그가 바닷가로 나가려 하는데, 그의 아버지가 불러 이렇게 말했다.

“네가 갈매기를 좋아해 갈매기들이 너를 보고 달아나지 않는다고 하던데, 그것이 사실이냐?”

"예, 그렇습니다."

"그것참 신기한 일이구나. 그렇다면 나도 그 갈매기들과 한번 놀아 보고 싶으니 오늘은 돌아올 때 한 마리만 잡아 오너라."

아버지의 부탁을 받은 그는 바닷가로 나가 갈매기들이 모여들기를 기다렸다.

그런데 어찌 된 일인지 그날따라 한 마리의 갈매기도 그의 주변으로 날아들지 않았다. 그가 고개를 들어 하늘을 보니 갈매기들은 먼 곳에서 빙빙 돌기만 할 뿐 한 마리도 내려올 생각을 하지 않았다.

그것을 보자 그는 문득 자신의 잘못을 깨달았다.

'아, 아무리 미물이라도 함부로 그에 대해 말을 해서는 안 되는 것이구나. 아침에 아버지가 하신 말씀을 저 갈매기들은 이미 마음으로 들었던 것이야.'

밀주와 암행어사

범 사 유 인 정 　후 래 호 상 견
凡事留人情, 後來好相見.

모든 일에 인자하고 따뜻한 정을 남겨 두면 뒷날 만났을 때 좋은 낯으로 보게 된다.

— 계성편

조선 영조 때 전국에 금주령이 내려졌는데, 이따금 술꾼들이 밀주를 담가 먹는 일이 발생했다. 이 소문을 들은 영조는 무과에 급제하여 선전관이라는 벼슬에 있던 유진항을 불러 암행에 나설 것을 명했다.

유진항은 임금으로부터 엄명을 받고 궁궐을 나서기는 했지만 밀주를 만들어 파는 자를 찾기란 쉬운 일이 아니었다. 그래서 그는 한 가지 꾀를 생각해 내고는 어느 여인숙으로 들어가 주인에게 많은 돈을 주고 며칠 동안 먹고 놀기만 했다. 그러던 어느 날이었다.

"하이고, 배야! 사람 죽겠네!"

아침상을 물리고 얼마 지나지 않아 유진항은 배를 움켜쥐고 방 안을 뒹굴기 시작했다. 기겁을 하며 달려온 여인숙 주인은 유진항을 끌어안으며 말했다.

"어서 의원에게 갑시다. 어서 업히시오."

"아뇨, 나는 배가 아플 때는 약도 필요 없고, 좋은 술을 먹어야 낫는다오. 아이고, 배야……."

"거, 참 희한한 양반이군. 하필 술을 먹어야 낫는다니."

주인은 술 파는 곳을 알고 있는 듯했으나, 금주령이 내려진 터라 얼른 말을 꺼내지 못하고 머뭇거렸다.

"아이고, 주인장. 나 좀 살려 주시오."

주인의 낌새를 살피던 유진항은 일부러 더욱 큰 소리를 지르며 방안을 뒹굴었다. 그동안 유진항은 주인에게 돈과 패물을 줘 가며 호감을 사 놓았기 때문에 반드시 술을 구해 오리라는 확신을 갖고 있었다.

"알았소. 몰래 술을 만들어 파는 곳을 내가 알고 있으니 조금만 참으시오."

주인이 대문을 나서자 유진항은 몰래 그의 뒤를 밟았다. 그리고 몰래 술을 빚어 파는 집을 찾아냈다. 유진항은 재빨리 칼을 뽑아 들고 밀주를 파는 집으로 들이닥쳤다.

"네 이놈! 감히 국법을 어기고 술을 만들어 팔다니! 어서 썩 나와서 무릎을 꿇어라."

유진항이 고함을 지르자 방에서 젊은이가 놀라서 뛰어나왔다. 젊은이는 유진항 앞에 무릎을 꿇고는 울먹이며 말했다.

"법을 어겼으니 당장 죽어 마땅하겠으나, 죽기 전에 늙은 어머니께 마지막으로 절이라도 올리게 해 주십시오."

유진항이 그의 소원을 들어주자 안에서 젊은이의 노모가 눈이 휘둥

그래져서 뛰어나왔다.

"나으리, 제발 이 아이를 살려주시고 제 목을 베어 주십시오."

그러자 이번에는 젊은이의 아내가 뛰어나와 울면서 호소했다.

"정작 술을 빚은 사람은 접니다. 저를 죽여주십시오. 나으리."

다시 젊은이가 앞으로 나서며 말했다.

"아닙니다. 이 집안의 가장으로서 집안을 제대로 꾸려 나가지 못한 책임은 모두 저한테 있습니다. 부디 제 목을 치십시오."

서로 죽겠다고 나서는 세 사람의 마음을 읽은 유진항은 결국 칼을 내던지고 말았다. 선량한 그들을 차마 죽일 수가 없었던 것이다. 이 일로 유진항은 귀양을 가게 됐다.

그 후 오랜 세월이 흘렀다.

유진항이 귀양살이에서 풀려나 다시 관직을 얻어 어느 고을의 현감이 됐는데, 그만 행정상 실수를 범하여 암행어사가 들이닥쳤다.

"그대는 고개를 들라."

머리를 조아리고 있는 유진항에게 암행어사가 말했다. 천천히 고개를 든 유진항은 깜짝 놀랐다. 암행어사는 바로 밀주를 만들어 팔던 그 젊은이였던 것이다.

"사람은 누구나 실수를 하는 법인데, 그대의 죄가 그리 크지 않으니 이번만큼은 용서해 주겠다."

암행어사는 자리에서 내려와 유진항의 손을 잡고 일으켜 세웠다.

결국 두 사람은 죽을 고비에서 서로의 목숨을 한 번씩 구해 준 셈이다.

슬기로운 아내를 둔 마부

현부 영부귀 악부 영부천
賢婦, 令夫貴. 惡婦, 令夫賤.

어진 아내는 남편을 귀하게 하고, 악한 아내는 남편을 천하게 만든다.

– 부행편

제齊나라의 안자晏子는 늘 검소한 생활을 했는데, 여우 가죽으로 만든 옷 한 벌을 30년 동안이나 입고 지낼 정도였다. 자신에게는 그토록 인색해도 남에게는 후하게 베풀어 그의 덕으로 생계를 이어가는 선비만 해도 수십 명에 달했다.

어느 날, 안자가 외출을 하기 위해 채비를 갖추고 집을 나섰다. 그의 집 문 앞에는 마부가 수레를 대기시켜 놓고 있었다. 이때 마침 마부의 아내가 자기 일을 마친 뒤 한가한 틈을 내어 안자의 행차를 구경하게 됐다. 그런데 가만히 지켜보니 자기 남편이 수레 앞에서 거만스럽게 버티고 있는 모습이 눈에 띄었고, 마부의 아내는 이내 표정이 일그러졌다.

마부가 일을 마치고 집으로 돌아오자 그의 아내는 아침에 있었던 일을 떠올리며 굳은 표정으로 말했다.

"안자님은 높은 벼슬에 계시지만 늘 겸손하시고 남에게 거만하게 행동하시는 법이 없는데, 당신은 그분의 마차를 끄는 마부에 지나지 않는 신분으로 불손한 태도를 보였습니다. 저는 그런 사람과는 더 이상 살 수 없으니 친정으로 가겠습니다."

마부는 아내의 말을 듣고 크게 뉘우쳤다. 그리고 그 후에는 자기 분수에 어긋나는 행동은 절대 하지 않았다.

안자는 마부의 행동이 눈에 띄게 겸손해진 것이 이상하여 연유를 물었다. 그러자 마부는 아내와 있었던 일을 사실대로 고했다.

"참으로 어진 아내를 두었구나."

안자는 마부의 아내에게 칭찬을 아끼지 않았고, 마부에게는 벼슬자리를 하나 마련해 주었다.

술은 악마가 준 선물

사기왈 교천예묘 비주불향 군신붕우 비주불의
史記曰 郊天禮廟, 非酒不享. 君臣朋友, 非酒不義.

투쟁상화 비주불근 고주유성패 이불가범음지
鬪爭相和, 非酒不勤. 故酒有成敗, 而不可泛飮之.

《사기》에서 말하였다.
하늘에 제사를 지내고 사당에 제례를 올림에도 술이 아니면 제물을 받지 않을 것이요,
임금과 신하, 벗과 벗 사이에도 술이 아니면 의리가 두터워지지 않을 것이요,
싸움을 하고 서로 화해함에도 술이 아니면 권할 것이 없을 것이다.
그러므로 술에는 성공과 실패가 있으니 함부로 과하게 마셔서는 안 될 것이다.

– 성심편

이 세상에 최초의 인간이 포도 씨앗을 뿌리고 있었다. 그때 악마가 찾아와서 물었다.

"지금 무엇을 하고 있는 것이오?"

인간이 대답했다.

"나는 지금 놀라운 식물을 심고 있소."

인간은 악마에게 자세히 설명해 주었다.

"내가 심고 있는 이 식물은 아주 달고 맛있는 열매가 열릴 것이오. 그 즙을 마시면 더없이 황홀한 기분에 휩싸일 것이오."

그러자 악마가 청했다.

"그렇다면 나도 한몫 끼어 주시오."

그러고서는 양과 원숭이를 죽이고 그 피를 식물의 거름으로 흘려 넣었다.

여기서 자란 포도를 따 포도주가 만들어졌다.

사람들이 이것을 한 잔 마시니 양처럼 순해졌다. 그리고 다시 한 잔을 더 마시니 돼지처럼 추해졌다. 이윽고 열 잔을 마시니 원숭이처럼 춤을 추기도 하고 노래를 부르기도 하면서 비틀거렸다.

자신부터 남을 신뢰하라

자 신 자 인 역 신 지 오 월 개 형 제
自信者人亦信之, 吳越皆兄弟.

자 의 자 인 역 의 지 신 외 개 적 국
自疑者人亦疑之, 身外皆敵國.

스스로 믿는 자는 남도 또한 자기를 믿어서
오나라와 월나라 같은 견원(犬猿) 사이라도 형제와 같이 될 수 있고,
스스로를 믿지 못하는 자는 남도 또한 자기를 의심하여
자기 몸뚱이 하나 말고는 모두 원수가 된다.

– 성심편

위나라의 진진이라는 사람이 중용됐다. 그러자 혜자가 진진을 찾아가 이렇게 조언했다.

"절대 공의 주변에 있는 사람들의 비위를 거스르는 일을 하면 안 됩니다. 진심으로 믿을 만한 자는 항상 신임해야 할 것이오."

혜자의 말에 진진이 결연한 어조로 말했다.

"나는 내 소신대로 일을 할 생각이오. 그러다 보면 주변 사람들에게 본의 아니게 싫은 소리도 할 수 있을 터인데, 그것을 삼가라는 말이오?"

혜자가 설명을 시작했다.

"버드나무는 옆으로 심어도 죽지 않고, 거꾸로 심어도 죽지 않으며, 심지어는 꺾은 다음 땅에 꽂아 놓아도 잘 자라는 나무라오. 그러나 열이나 백 사람이 버드나무를 땅에 심어 놓아도, 한 사람이 돌아다니면서 나무를 뽑아 버린다면 한 그루도 살 수가 없지 않겠소?"

"음, 그렇겠지요."

"나무를 심는 것은 어렵지만 뽑는 일은 쉬운 법이오. 이처럼 공이 아무리 일을 잘한다 해도, 공을 자리에서 끌어내리려는 자가 생긴다면 결코 그 자리에 오래 있을 수가 없게 될 것이오. 나는 다만 그것을 염려해서 하는 말이오."

거미와 모기와 광인

기 만 칙 일　인 만 칙 상
器滿則溢, 人滿則喪.

그릇이 가득 차면 넘치고, 사람이 가득 차면(자만하면) 잃게 될 것이다.

– 성심편

다윗 왕은 현명하고 용감하여 이스라엘 왕들 가운데에서도 존경받는 인물이었다.

그는 평소에 거미와 모기 따위의 벌레를 아주 싫어했다. 거미는 아무 데나 함부로 거미줄을 치는 더럽고 쓸모없는 벌레이고, 모기는 사람의 피를 빨아먹는 흉측한 벌레라고 생각했기 때문이었다. 또한 그는 미치광이도 매우 싫어했는데, 추하고 번잡스럽다는 이유 때문이었다.

어느 날, 그가 전쟁터에서 적군의 속임수에 빠져 퇴로를 차단당한 채 포위되고 말았다. 궁여지책으로 그는 간신히 동굴 하나를 발견하고 몸을 피했다. 그런데 그가 들어가고 난 뒤부터 거미가 거미줄을 치기 시작했다.

얼마 후 적군들이 다윗 왕이 들어가 있는 동굴 앞에서 서성거렸다. 그는 숨을 죽이고 밖의 동정을 살폈다. 그러나 적들은 이렇게 말하며 돌아가 버렸다.

"거미줄이 쳐져 있는 것을 보니 동굴 안에는 사람이 없는 게 분명해."

다윗 왕은 그렇게도 싫어하던 거미 덕분에 목숨을 건졌다.

그 후로 몇 년이 흘렀다.

다윗 왕은 다시 전쟁을 벌이게 됐다. 그런데 이번에는 싸우지 않고 이길 수 있는 꾀를 한 가지 생각해 냈다. 적장이 잠든 방에 숨어 들어가 칼을 훔쳐 나온다면, 그 부하들이 다윗 왕의 용기에 놀랄 뿐 아니라, 칼을 잃어버린 적장은 수치감에 스스로 퇴각하리라고 생각했던 것이다.

그날 밤, 그는 적장이 잠든 방으로 몰래 들어갔다. 그러나 적장은 자기 칼을 발밑에 깔고 잠들어 있어 훔칠 기회가 좀처럼 생기지 않았다.

그때였다. 웬 모기 한 마리가 나타나 적장의 발을 물었다. 그 바람에 적장은 잠결에 발을 움직였고, 다윗 왕은 그 찰나에 칼을 훔쳐내는 데 성공했다. 이번에도 자신이 쓸모없게 여기던 모기 덕분에 일을 성공할 수 있었던 것이다.

다시 몇 년의 세월이 흘렀다.

다윗 왕이 전쟁터에 나가 이번에는 강력한 적군을 만나 사로잡히고 말았다. 그러자 그가 꾀를 내었다. 갑자기 큰 소리로 웃으며 미치광이 흉내를 내기 시작했다.

다윗 왕을 찾고 있던 적군은 그를 보자 설마 이런 광인이 왕일까 싶어 무시하고 그냥 지나쳐 버리는 바람에 목숨을 구할 수 있었다.

결국 하찮은 것을 업신여기던 그의 자만심은 이 세 가지 일로 인해 생각이 바뀌었다.

만용을 부린 두 사내

생사사생 생사사생
生事事生, 省事事省.

일을 만들면 일이 생기고, 일을 덜면 일이 줄어든다.
(그러므로 부질없는 일을 해서 공연히 심신을 괴롭히지 말라.)

- 존심편

제나라에서 자신의 용기를 뽐내며 다니는 두 사람이 있었다. 한 사람은 성城의 동쪽에 살았고, 다른 한 사람은 서쪽에 살고 있었다.

어느 날, 그 두 사람이 우연히 길에서 만났다.

동쪽에 사는 자가 말했다.

"어디 가서 술이라도 한잔하세."

"그러세."

두 사람은 금세 의기투합하여 술집으로 향했다.

술집에 들어간 두 사람은 보통 사람보다 훨씬 큰 잔에 술을 부어 서로 주거니 받거니 하며 마셨다.

술에 얼근하게 취했을 때 동쪽에 사는 자가 말했다.

"안주가 별로 마음에 들지 않는구먼. 우리 생고기를 좀 사다 먹을까?"

그러자 서쪽에 사는 자가 자못 호기롭게 대꾸했다.

"따지고 보면 자네도 고깃덩이고 나도 고깃덩이가 아닌가?"

"그건 그렇지."

"그런데 새삼스럽게 생고기를 사러 자리를 뜰 게 뭐 있겠는가? 그저 주모에게 양념만 달라고 하면 그만 아닌가?"

말귀를 알아들은 동쪽 사내는 품에 지니고 다니던 날카로운 칼을 빼어 들었다.

그러더니 자기 허벅지 살을 뭉텅 도려내어 소금에 찍어 먹었다. 이에 질세라 서쪽 사내도 자기 살을 베더니 피가 뚝뚝 떨어지는 살점을 씹어 먹었다.

이렇게 생살 먹기 시합을 벌이던 두 사람은 마침내 숨을 거두고 말았다.

사슴을 놓아준 착한 심성

자 왈 위 선 자 천 보 시 이 복 위 불 선 자 천 보 지 이 화

子曰 爲善者, 天報之以福. 爲不善者, 天報之以禍.

공자가 말하였다. 착한 일을 하는 자에게는 하늘이 복으로 답하고,
악한 일을 하는 자에게는 하늘이 재앙을 내린다.

– 계선편

노나라에 맹손이라는 사람이 살았다.

하루는 그가 사냥을 나가 새끼 사슴 한 마리를 산 채로 잡았다.

"이 사슴을 가지고 먼저 가 있게."

맹손은 진서파라는 사람으로 하여금 사슴을 가지고 먼저 집으로 돌아가도록 했다.

진서파는 살아 있는 사슴을 묶어 말 등에 얹은 다음 집으로 향했다. 그런데 가만히 보니 사슴의 어미가 계속 뒤를 따라오고 있었다. 그것도 이상한 슬픈 소리를 내면서 진서파의 뒤를 바짝 따라오는 것이었다.

'자신이 잡힐 수도 있는데, 그것조차 두려워하지 않는구나.'

진서파는 그렇게 생각하며 사슴의 모정이 너무 갸륵하다 생각해 새끼 사슴을 풀어주었다.

얼마 후, 맹손이 집으로 돌아와 진서파를 불렀다.

"왜 사슴이 보이지 않는가?"

진서파가 대답했다.

"어미 사슴이 뒤따라오며 슬피 울기에 차마 볼 수가 없어 놓아주었습니다."

이 말을 들은 맹손은 몹시 화가 나 진서파를 쫓아내 버렸다.

그로부터 석 달이 지났다.

맹손은 쫓아낸 진서파를 다시 집으로 불러들였다. 그러고는 자기 아들의 스승으로 삼았다.

이것을 의아하게 여긴 맹손의 신하가 물었다.

"지난번에는 집에서 내쫓으시더니 다시 불러들인 이유는 무엇입니까?"

맹손이 대답했다.

"그때 어미 사슴이 슬피 우는 것이 가여워 새끼를 놓아준 일은, 가만히 생각해보니 꾸짖을 일이 아니었다. 그 정도의 심성을 가진 사람이라면 내 아들이 괴로움을 겪을 때 충분히 도움을 줄 수 있을 것이다. 그래서 내 아들의 스승으로 삼은 것이다."

신하의 선정이 곧 임금의 선정

범 사 노 복 선 념 기 한
凡使奴僕, 先念飢寒.

무릇 노복을 부리는 데는 먼저 그들의 춥고 배고픔을 염려해야 한다.

– 치가편

매서운 바람이 몰아치는 겨울이었다.

위나라 왕은 이 추운 겨울에 후원을 꾸미기 위해 백성들에게 조정 공사를 하라고 지시했다. 그러자 완춘이라는 신하가 간했다.

"이렇게 추운 날씨에 공사를 하는 것은 옳지 않습니다. 백성들은 지금 손이 얼어 삽질도 제대로 하지 못하고 있습니다."

왕이 눈을 크게 뜨며 물었다.

"오늘 같은 날씨에 춥다고 말하는 것은 이상하지 않은가?"

완춘이 다시 말했다.

"지금 왕께서는 호랑이 털로 만든 옷을 입으시고 여우 목도리를 하고 계십니다. 더구나 이 방에는 따뜻한 화로가 피워져 있습니다. 그러나 밖에는 지금 살을 에는 듯한 바람이 불고 있습니다.

이 말을 듣고 왕은 밖으로 나가 완춘의 말을 확인한 뒤 즉시 공사를 멈추도록 했다. 그러자 한 신하가 왕에게 아뢰었다.

"만약 이번 공사가 완춘으로 인해 중지됐다는 사실을 많은 사람이 알게 된다면, 그의 덕은 높아질 것이지만 전하의 인심은 크게 떨어질 것입니다."

그러나 왕은 고개를 가로저었다.

"그렇지 않다. 원래 완춘은 노나라의 평민이었으나 내가 데려와 요긴하게 쓰고 있는 인물이다. 지금까지 백성들은 완춘의 됨됨이를 몰랐으나 이번 기회에 제대로 알게 됐을 터이니 오히려 다행스러운 일이다. 또한 완춘이 선정善政을 베푼다는 것은, 곧 내가 선정을 베푸는 것과 다를 바가 없다."

어느 뱃사공의 아들 사랑

심애필심비 심예필심훼 심희필심우 심장필심망
甚愛必甚費, 甚譽必甚毁, 甚喜必甚憂, 甚贓必甚亡.

사랑함이 심하면 반드시 심한 소모를 가져오고, 영예로움이 심하면 반드시 심한 헐뜯음을 가져온다.
기뻐함이 심하면 반드시 심한 근심을 가져오고, 뇌물을 심하게 탐하면 반드시 망하게 된다.

– 성심편

옛날에 어느 뱃사공이 아들을 태우고 배를 저어 멀리 나아갔다. 때는 몹시 추운 겨울이어서 바람이 살을 에는 듯했다. 그러나 사공은 힘겹게 노를 저은 탓에 이마에서 땀이 줄줄 흘러내렸다. 그는 더위를 참을 수가 없어 윗옷을 벗었다. 그리고 선창 안으로 뛰어 들어가 아들에게 말했다.

"얘야, 너도 더울 테니 웃옷을 벗자."

사공은 아들의 겉옷을 벗겨 속옷 차림으로 놔둔 채 선창에서 나왔다.

사공은 더욱 힘을 내어 노를 저었다.

그러다 보니 방금 전보다 더 많은 땀이 흘러내렸다. 등줄기와 허벅지에도 땀이 고였다.

"정말 더워서 견딜 수가 없군."

그래서 그는 땀으로 몸에 착 달라붙은 속옷마저 벗어 던졌다. 그러고는 다시 선창으로 뛰어 들어가 아들의 속옷마저 홀랑 벗겨 버렸다.

"얘야, 이렇게 더운데 옷을 두껍게 입고 있으면 더위 먹는다."

사공은 다시 노를 저어 앞으로 나아갔다.

그의 몸에선 더운 김이 무럭무럭 피어올랐다.

하지만 불쌍한 어린 아들은 선창 안에서 얼어 죽고 말았다.

거짓을 진실로 여긴 우매한 왕

도오선자 시오적 도오악자 시오사
道吾善者, 是吾賊. 道吾惡者, 是吾師.

나를 착하다고 말해 주는 사람은 곧 내게 해로운 사람이요,
나의 나쁜 점을 말해 주는 사람은 곧 나의 스승이다.

– 정기편

제나라 선왕은 활을 매우 좋아했다. 거기다가 남이 자신을 강궁強弓이라고 불러 주면 좋아서 어쩔 줄을 몰라 했다.

하루는 신하들이 모인 자리에서 선왕이 한껏 뻐기며 이렇게 말했다.

"이 활은 내가 쓰는 것인데, 무게가 얼마쯤 될 것 같소?"

선왕이 물음을 던진 의도를 재빨리 간파한 한 신하가 일부러 낑낑거리며 활을 들더니 대답했다.

"와, 대단히 무겁군요. 적어도 아홉 섬의 무게는 될 것 같습니다."

그러나 활은 기껏해야 두세 섬 정도 되는 무게였다.

선왕은 신하의 말을 듣고 매우 기뻐하며 환하게 웃었다.

그 후 선왕은 평생 자기 활의 무게는 아홉 섬이라 여기며 살았다.

변명을 싫어했던 직불의

이 불 문 인 지 비 　목 불 시 인 지 단
耳不聞人之非 目不視人之短

구 불 언 인 지 과 　서 기 군 자
口不言人之過 庶幾君子

귀로 남의 그릇됨을 듣지 말고, 눈으로 남의 모자람을 보지 말고,
입으로 허물을 말하지 않아야 군자라 할 수 있다.

– 정기편

전한前漢 시대 때 문제文帝를 섬겼던 직불의直不疑에 관한 이야기이다.

어느 날, 직불의와 같은 방을 쓰던 사람이 휴가를 얻어서 고향으로 돌아갔다. 그런데 실수로 같은 방을 쓰는 다른 사람의 돈을 가지고 가고 말았다.

그 후 고향에 갔던 사람이 돌아왔다. 돈을 잃어버린 사람은 직불의가 훔쳐 간 줄 알고 그를 의심했다.

"미안하오. 내가 그만 실수로 그대의 돈을 가지고 갔소."

직불의는 여러 변명을 늘어놓지 않고 자신의 소지품을 팔아 순순히 그 사람에게 돈을 갚아 주었다.

"생각해 보니 내가 실수로 그대의 돈을 가지고 갔소. 정말 미안하

오."

전에 실수로 돈을 가져갔던 사람이 주인에게 잘못을 말하며 돈을 갚자 돈을 잃어버렸던 사람은 직불의를 의심했던 것을 크게 부끄러워했다.

이 일이 있고 나서부터 사람들은 직불의를 덕망이 높은 사람으로 받들었다. 그리고 직불의는 점점 출세하여 중대부 벼슬에 올랐다.

어느 날, 조정에서 천자를 알현하는 의식이 있었는데, 그 자리에서 직불의를 질투하는 사람이 이렇게 모함했다.

"직불의는 용모가 수려한 남자이다. 형수와 간통을 했다는 말이 들리는데, 이것은 돌이킬 수 없는 죄이다."

이 말을 듣고 직불의는 구구절절하게 변명을 늘어놓지 않은 채 딱 한마디만 했다.

"내게는 형이 없소."

그 뒤 직불의는 경제景帝 말년에 감사원장인 어사대부가 됐다.

明心寶鑑

6

효와 우애를 다지려면

돈보다 귀중한 아버지의 낮잠

경행록 운 보화용지유진 충효향지무궁
景行錄 云 寶貨用之有盡, 忠孝享之無窮.

《경행록》에서 말하였다. 보화는 쓰면 다함이 있고, 충성과 효성은 누려도 다함이 없다.

– 성심편

효성이 지극한 한 사내가 고대 유다의 마을에 살고 있었다. 그는 큼직한 다이아몬드 한 개를 가지고 있었다.

어느 날, 랍비 한 사람이 사내의 집으로 찾아왔다.

"당신이 갖고 있는 다이아몬드를 성전을 장식하는 데 쓰려고 합니다. 금화 6천 냥을 줄 테니 내게 그 물건을 주시오."

사내는 성전을 장식한다는 말에 다이아몬드를 건네주기로 하고 방으로 들어갔다. 그런데 사내는 다이아몬드를 넣어 둔 금고의 열쇠를 찾다가 문득 생각난 게 있었다.

"아, 금고 열쇠를 어제저녁에 아버님 베개 밑에다 두었는데."

랍비는 웃으며 말했다.

“그런데 그게 무슨 문제란 말이오?”

“지금 아버님께서 낮잠을 주무시고 계시거든요.”

“잠깐 아버님을 깨우고 열쇠를 꺼내면 될 것 아니오?”

사내는 고개를 흔들며 말했다.

“아닙니다. 그럴 수는 없습니다. 곤하게 주무시는 아버님을 깨울 수는 없으니 돌아가십시오.”

“아니, 금화 6천 냥을 벌 기회가 생겼는데 그냥 없던 것으로 하겠다는 말이오?”

“금화 따위는 언제라도 취할 수 있지만, 아버님은 그렇게 내 마음대로 할 수 없지 않습니까?”

랍비는 할 수 없이 발길을 돌렸다.

팥죽땀

자왈 거가유례 고장유변 규문유례 고삼족화
子曰 居家有禮, 故長幼辨. 閨門有禮, 故三族和.

공자가 말하였다. 한 집안에 예가 있음으로써 어른과 아이의 분별이 있고,
집안에 예가 있음으로써 삼족(三族: 친족 · 처족 · 외족)이 화목해진다.

– 준례편

시부모를 모시고 사는 며느리가 있었다.

하루는 남편과 시어머니가 장에 나가고, 집에는 시아버지와 며느리만 남게 됐다.

"얘야, 모처럼 팥죽이나 끓여 먹자."

팥죽을 좋아하는 시아버지의 말에 며느리는 신이 났다. 그녀도 팥죽을 무척 좋아하기 때문이었다.

팥죽은 금세 끓기 시작했다. 그런데 마침 부엌에 물이 떨어져 며느리는 동이를 이고 우물가로 달려갔다.

이때 팥죽 냄새에 이끌려 부엌까지 들어온 시아버지는 며느리가 없는 틈을 타서 얼른 팥죽 한 그릇을 퍼 헛간으로 들어갔다.

잠시 후, 며느리가 물을 길어서 돌아왔다. 솥에서는 여전히 팥죽이 맛있게 끓고 있었다.

"아버님부터 드려야겠지만, 도저히 못 참겠어……."

며느리도 참을 수가 없어 팥죽 한 그릇을 퍼서 헛간으로 들어갔다. 헛간 문을 여는 순간 며느리는 깜짝 놀랐다.

"아버님, 여기서 뭐 하세요?"

먼저 와서 팥죽을 먹고 있던 시아버지는 급한 김에 손에 들고 있던 팥죽 그릇을 머리 위에 뒤집어썼다.

"허허허…… 너는 웬일이냐?"

며느리는 당황해서 팥죽 그릇을 쑥 내밀었다.

"예, 팥죽이 다 돼서 아버님께 먼저 한 그릇 드리려고요."

그러자 시아버지는 얼굴에 흘러내린 팥죽을 손으로 닦으며 점잖게 말했다.

"이젠 내 몸도 예전 같지 않구나. 팥죽 소리만 들어도 이렇게 팥죽 같은 땀이 줄줄 흐르니……."

며느리는 간신히 웃음을 참으며 헛간에서 뛰쳐나왔다.

소년과 헌 지게

●

옛날, 어느 산골에 김씨 가족이 살고 있었다. 당시에는 고려장이라는 제도가 있어서 나이가 일흔이 된 노인들은 건강해도, 병이 들어 있어도, 무조건 다 땅에 묻었다.

김씨도 헛간에서 헌 지게를 꺼내 아버지를 지고 산으로 향했다. 노인은 상황을 짐작하고 아들이 시키는 대로 말없이 지게 위에 올라앉았다. 그러고는 아들 몰래 눈물을 흘렸다.

'그래, 내가 집에 남아 있으면 가족들이 위험하니 차라리 내 한목숨 끊는 게 낫지.'

김씨가 산 밑에 다다랐을 때, 저만치에서 놀고 있던 그의 아들이 아버지를 발견하고는 반가워하며 뛰어왔다.

"아버지가 지게까지 태워 주시니 할아버지는 참 좋겠네요."

손자의 철없는 소리를 듣자 노인은 더욱 서러워져 눈물을 삼켰다.

"할아버지가 너무 좋으셔서 눈물까지 흘리시네?"

"이 녀석아, 어서 집으로 돌아가지 못해?"

김씨는 가슴이 뜨끔했는지 버럭 소리를 지르고는 산속으로 들어갔다.

'이상하다, 왜 할아버지를 짊어지고 힘들게 산속으로 들어가지?'

아들은 고개를 갸웃거리며 몰래 아버지의 뒤를 밟았다.

이윽고 깊은 산중에 이르자 김씨는 노인을 지게에서 내려놓고 구덩이를 파기 시작했다. 큰 구덩이가 만들어지자 김씨는 노인을 그 안에다가 밀어 넣었다.

"할아버지를 구덩이에 넣으면 어떻게 해요. 힘이 없어서 올라오지도 못할 텐데요."

집으로 돌아간 줄로만 알았던 아들이 갑자기 나타나자 김씨는 당혹스러웠는지 말을 더듬었다.

"이, 이 녀석이 집으로 가라고 했더니……."

"어서 할아버지를 꺼내 주세요."

"안 된다. 나라 법에 노인들은 이렇게 땅에다 묻도록 돼 있다. 어서 가자."

아버지의 단호한 표정을 본 아들은 더 이상 대꾸하지 않고 아버지가 지고 온 지게를 짊어졌다.

"그 지게는 버려도 되니 그냥 두고 가거라."

그러자 아들은 아버지를 똑바로 쳐다보면서 말했다.

"아니에요. 이 지게는 또 쓸 데가 있어요. 나중에 아버지가 할아버지 나이가 되면 제가 이 지게에다 아버지를 짊어지고 이곳으로 와야 하잖아요?"

아들의 말에 김씨는 정신이 번쩍 들었다. 김씨는 그제야 크게 뉘우치고 노인을 구덩이에서 꺼내 집으로 돌아왔다.

태공왈
太公曰

효어친 자역효지
孝於親 子亦孝之

신기불효 자하효언
身旣不孝 子何孝焉

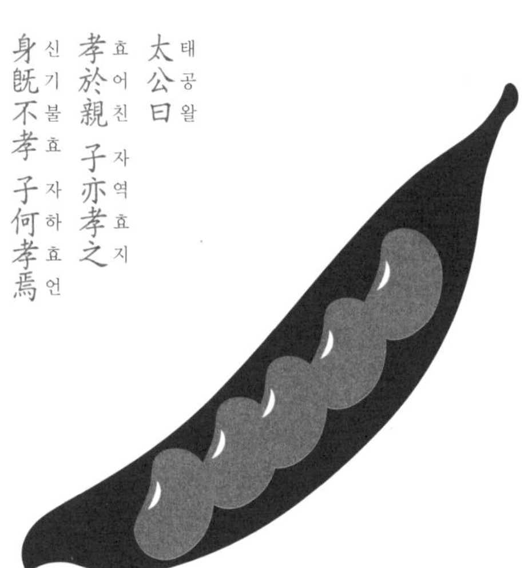

明心寶鑑

효행편

태공이 말하였다.

내가 부모에게 효도하면 자식 또한 내게 효도하기 마련이다.

내가 부모에게 효도하지 않았는데 자식이 어찌 내게 효도를 하겠는가.

약속과 효행

시왈 부혜생아 모혜국아 애애부모 생아구로
詩曰 父兮生我, 母兮鞠我, 哀哀父母, 生我劬勞.

욕보심은 호천망극
欲報深恩, 昊天罔極.

《시경》에서 말하였다. 아버지 나를 낳으시고 어머니 나를 기르시니,
아아 애달프고 슬프다 부모님이시여. 나를 낳아 기르느라고 얼마나 수고하셨겠는가.
그 은혜를 갚고자 한다면 넓은 하늘도 끝이 없네.

– 효행편

어느 인디언 부족 마을에서 밤마다 닭이 없어지는 사건이 발생했다.

"만약 닭 도둑이 잡히면 태형 열 대의 벌로 다스릴 것이다."

인디언 추장은 마을 사람들을 모아 놓고 그렇게 말했다.

그러나 추장의 예고에도 아랑곳하지 않고, 그날 밤 역시 닭이 도난당하는 일이 생겼다. 그러자 추장은 태형을 스무 대로 올렸다. 그래도 매일 밤 닭이 도난당하는 일은 멈추지 않았다.

"정말이지 고약한 도둑이구나. 태형 백 대로 다스릴 것이다!"

화가 난 추장은 거의 사형이나 다름없는 태형 백 대의 형벌을 선언했다.

며칠 뒤, 마침내 범인이 잡혔다.

그런데 뜻밖에도 그 범인은 바로 그의 어머니였다. 추장은 몹시 당황했다.

형을 집행하는 날이 됐다. 부족 사람들이 모두 한자리에 모였다. 사람들은 추장이 과연 자기가 한 말을 지킬지 궁금해 하는 표정이었다.

"아마 자기 어머니를 죽이지는 않을 거야."

"그래도 부족들에게 한 약속을 저버릴 수는 없지 않은가?"

추장은 자기 어머니를 기둥에 묶으라고 명령을 내렸다. 부족 사람들은 놀라움을 금치 못하며 입을 쩍 벌렸다. 갑자기 추장이 옷을 벗더니 어머니가 묶여 있는 곳으로 걸어가 자신의 우람한 몸으로 어머니의 몸을 완전히 감싸 안았다.

그런 다음 부하에게 단호하게 명령했다.

"지금 즉시 태형 백 대의 형벌을 시행하라!"

부모 앞에서는 평생 어린애

자왈 효자지사친야 거칙치기경 양칙치기락
子曰 孝子之事親也, 居則致其敬, 養則致其樂,

병칙치기우 상칙치기애 제칙치기엄
病則致其憂, 喪則致其哀, 祭則致其嚴.

공자가 말하였다. 효자가 어버이를 섬기는 것은, 기거하실 때에는 공경을 다하고,
봉양할 때에는 즐거움을 다하며, 병에 드신 때에는 근심을 다하고,
돌아가신 때에는 슬픔을 다하며, 제사 지낼 때에는 엄숙함을 다한다.

– 효행편

조선 중기의 문신인 이현보는 몸으로 효를 실천한 사람이었다.

연산군 4년인 1498년, 문과에 급제하여 32세에 벼슬길에 오른 이후 예문관검열, 춘추관기사, 예문관봉교를 거쳐, 1504년 38세에는 사간원 정언으로서 서연관書筵官의 비행을 고하다가 안동으로 귀양을 갈 정도의 강직한 인물이었다.

그러나 그처럼 대쪽 같은 성격의 이현보도 부모 앞에서는 영락없는 아이였다. 그는 부모가 있는 고향으로 내려가면 항상 천진한 어린애처럼 어리광을 부려 두 분을 기쁘게 해드렸다. 그가 나이에 걸맞지 않게 어리광을 부린 것은 단 하나의 이유 때문이었다. 부모가 아들의 그런 행동을 보면 기뻐했기 때문이다.

그런 까닭에 그는 부모가 연로하여 병석에 누웠을 때는 한달음에 고향으로 달려가, 강직한 벼슬에 있음에도 불구하고 옥관자玉貫子가 달린 관복을 차려입은 채로 어리광을 부리기도 했다.

부제학으로 벼슬이 올랐을 때는 고향으로 내려가 90세가 된 부모를 위해 70세가 넘는 마을의 노인들을 전부 모셔 와 부모와 함께 지내도록 했다. 그때도 그는 높은 벼슬에 있는 관료답지 않게 노인들 앞에서 웃음을 바치기 위해 어린애 흉내를 내곤 했다.

형조 참판의 자리에 오른 뒤 그는 90세가 넘은 부모를 모시고 살기 위하여 사직서를 제출했다. 그러나 조정에서 이를 받아들이지 않자 그는 일부러 자리를 펴고 눕고는 이렇게 말했다.

"나는 지금 몹시 중한 병이 들어 더 이상 공무를 수행할 수가 없소."

물론 그는 병이 난 것이 아니었다. 하지만 병을 핑계로 공무를 수행하지 않으니 조정에서도 어쩔 도리가 없었다. 결국 그는 자신의 뜻대로 관직에서 벗어나 노모가 있는 고향으로 내려갔다. 그는 거동이 불편한 노모에게 정성을 다하여 수발을 들면서, 노모 앞에서는 여전히 예닐곱 살의 어린애처럼 행동하며 공양했다.

이제는 늙어 머리가 센 아들의 극진한 효도를 받은 이현보의 부친 이흠은 100세에 가까운 천수를 누린 뒤 온화한 표정으로 눈을 감았다.

하늘이 내린 돌 종

숙 흥 야 매　소 사 충 효 자　인 부 지　천 필 지 지
夙興夜寐, 所思忠孝者, 人不知, 天必知之.

포 식 난 의　이 연 자 위 자　신 수 안　기 여 자 손 하
飽食煖衣, 怡然自衛者, 身雖安, 其如子孫何.

아침에 일어나서 밤이 깊어 잠들 때까지 늘 충효만을 생각하는 자는
설사 사람들이 알아주지 않더라도 하늘이 반드시 알 것이요,
배불리 먹고 따뜻하게 입고서 안락하게 제 몸만 보호하는 자는
비록 몸은 편안하나 그 자손에게는 어찌할 것인가?

– 존심편

경주慶州 손씨孫氏의 시조인 손순孫順에 얽힌 이야기이다.

손순의 집은 워낙 가난해서 그의 아내와 함께 남의 집 품팔이를 하며 노모를 봉양하고 있었다. 그런데 노모께 드린 음식을 하나 있는 아들이 항상 빼앗아 먹어 노모가 날로 수척해졌다. 이를 보다 못해 어느 날 손순이 아내에게 말했다.

"아무래도 안 되겠소. 아이 때문에 어머니께서 음식을 못 드셔서 날로 수척해지시니 저 아이를 산에다 내다 버려야겠소. 아이야 다시 낳으면 되지만 어머니는 한 번 가시면 그만이니……."

손순의 아내는 눈물만 흘릴 뿐 남편의 말을 순순히 따랐다.

이튿날, 손순은 아이를 업고 산으로 올라가 땅을 파기 시작했다. 한

참 땅을 파 들어가는데, 딱딱한 무엇이 삽에 걸리는 것이었다.

"이게 뭐지?"

그는 딱딱한 물체를 건져 올렸다. 그것은 괴이하게도 돌 종이었다.

"이상한 일도 다 있네. 왜 하필 여기서 돌 종이 나왔을까?"

그는 한번 돌 종을 두드려 보았다. 생긴 것과는 달리 대단히 아름다운 소리였다. 옆에 있던 아내가 뭔가 짚이는 게 있었던지 남편을 만류했다.

"아이를 묻어서는 안 되겠어요. 이렇게 신기한 종이 나왔다는 것은 이곳에 아이를 묻지 말라는 하늘의 명이 아니겠어요?"

손순은 고개를 끄덕이며 아내의 말에 따르기로 하고, 아이를 업은 다음 산에서 내려왔다. 집으로 돌아온 그는 돌 종을 대들보에 매단 뒤 종을 울렸다. 명징한 소리가 먼 곳까지 울려 퍼졌다.

종소리는 궁궐이 있는 곳까지 퍼져서 임금도 그 소리를 듣게 됐다.

"참으로 묘한 소리로다. 어디서 나는 종소리인지 알아 오도록 하라."

며칠 후 임금은 손순 일가에 대한 사실을 듣고 이렇게 말했다.

"그 옛날 곽거라는 이가 자식을 묻을 때는 하늘이 감동하여 금으로 만든 솥을 내리셨는데, 이제 손순이 자식을 묻으려 하자 땅에서 돌 종이 나왔구나. 이는 서로 통하는 바가 있음이니 그에게 잘 곳과 먹을 것을 하사하노라."

그러면서 임금은 손순에게 집 한 채와 매년 쌀 오십 석씩을 내리도록 명했다.

강물에 던진 황금

고려 공민왕 때 사이좋기로 소문이 난 형제가 살고 있었다.

어느 날, 형제는 함께 산에 올라가 땔감을 구해 내려오다가 숲속에서 번쩍이는 물체를 발견했다. 동생은 눈을 비비고 다시 한번 번쩍이는 물체를 보았다.

"형님, 저건 황금인데요."

분명히 손바닥만 한 금덩이 두 개가 번쩍이고 있었다. 형은 의아해하며 동생이 가리키는 곳으로 가 보았다.

"정말 황금이구나. 하늘이 우리를 도우셨나 보다."

형제는 가난하게 사는 자신들을 가엾게 여겨 하늘에서 황금을 내려준 것이라고 생각했다.

형제는 황금을 하나씩 품에 넣고 집으로 향했다.

그런데 형제가 강가에 이르렀을 때였다. 갑자기 아우의 표정이 굳어지더니 품에서 금덩이를 꺼내 냅다 강물에다 던졌다.

"아니, 지금 무슨 짓을 하는 거냐? 왜 금덩이를 강물에 던져 버린 거야?"

형이 깜짝 놀라 묻자 아우가 근심스런 표정으로 대답했다.

"형님, 저는 평소에 형님을 사랑하는 마음이 매우 깊었습니다."

"그건 내가 잘 알지 않니?"

그런데 이 금덩이를 갖게 되고부터는 그 마음이 점점 식어가는 것을 느꼈습니다.

"그게 무슨 말이니?"

"어떻게 하면 형님이 가진 황금도 제 손에 넣을 수 있을까 고민을 했거든요. 제 욕심이 커지면 언젠가는 형님에게 칼을 들이댈지 모릅니다. 그러므로 이 금덩이는 하늘이 주신 것이 아니라 악마가 내려 준 요물덩이라는 생각이 들어 던져 버린 것입니다."

"듣고 보니 네 말이 옳군."

아우의 말을 들은 형은 고개를 끄덕이며 자기 금덩이도 품에서 꺼내 강물로 던져 버렸다.

부불우심인자효 부무번뇌시처현

父不憂心因子孝 夫無煩惱是妻賢

언다어실개인주 의단친소지위전

言多語失皆因酒 義斷親疎只爲錢

아버지가 근심하지 않음은 자식이 효도하기 때문이요.
남편이 번뇌가 없는 것은 아내가 어질기 때문이다.
말이 많아 실수함은 술 때문이요,
의가 끊어지고 친함이 갈라지는 것은 오로지 돈 때문이다.

여우와 승냥이

자왈 여선인거 여입지란지실
子曰 與善人居, 如入芝蘭之室,

구이불문기향 즉여지화의
久而不聞其香, 卽與之化矣.

여불선인거 여입포어지사
與不善人居, 如入鮑魚之肆,

구이불문기취 역여지화의
久而不聞其臭, 亦與之化矣.

단지소장자적 칠지소장자흑
丹之所藏者赤. 漆之所藏者黑.

시이군자필신기소여처자언
是以君子必愼其所與處者焉.

공자가 말하였다.
착한 사람과 함께 지내면 마치 향기로운 지초(芝草)와 난초(蘭草)가 있는 방 안에 들어간 것과 같아서
한참 지나면 그 냄새를 느끼지 못하나 곧 그와 더불어 그 향기에 동화되고,
착하지 못한 사람과 함께 지내면 생선 가게에 들어간 것과 같아서
한참 지나면 그 악취를 느끼지 못하나 역시 그와 더불어 감염될 것이다.
붉은 물감에 보관한 것은 붉어지고 검은 물감에 보관한 것은 검어지는 법이다.
그러므로 군자는 반드시 함께 지낼 사람과 머물 곳을 가려서 삼가야 한다.

– 교우편

사이가 좋은 여우와 승냥이가 있었다.

어느 날, 여우가 닭 한 마리를 잡아 왔다. 여우가 말했다.

"너는 아침부터 굶었으니 네가 먼저 이 닭을 먹어라."

그러나 승냥이는 체면을 지키려고 여우에게 양보했다.

"아니다. 네가 닭을 잡아 왔으니 너부터 먹어라."

둘은 꽤 오랫동안 서로 먼저 먹으라고 권하기만 했다. 그러다가 저만치에서 사자가 나타났다. 기겁을 한 승냥이는 갑자기 맞이한 위기를 모면하려고 사자에게 굽실거리며 이렇게 아첨했다.

"사자님이 오실 줄 알고 제가 특별히 닭 한 마리를 잡았습니다. 어서 드십시오."

여우는 승냥이의 갑작스런 변심에 기가 막혔다.

심보가 뒤틀린 여우가 사자에게 말했다.

"저도 사자님을 위해 준비한 것이 있습니다. 이까짓 닭이야 사자님의 입맛만 버릴 테니, 제가 특별히 아침부터 준비한 이 승냥이 놈을 드십시오."

계모도 나의 어머니

가화빈야호 불의부여하 단존일자효 하용자손다
家和貧也好, 不義富如何. 但存一子孝, 何用子孫多.

집안이 화목하면 가난해도 좋지만 의롭지 않다면 부자인들 무엇 하겠는가.
효도하는 자식이 하나라도 있다면 자손이 많아서 무엇 하겠는가.

– 성심편

공자의 제자 중에 효성이 지극했던 민손閔損은 어려서 어머니를 여의고 계모 밑에서 자랐다. 그는 비록 친어머니는 아니었으나, 계모를 극진히 받들었다.

세월이 흘러 계모에게서 두 명의 아우가 태어났다. 그런데 계모는 자기가 낳은 자식만 귀여워하고 민손에게는 정을 주지 않았다. 심지어는 추운 겨울에도 솜바지는 자기 자식에게만 입히고, 민손에게는 홑바지를 입혔다.

어느 날, 민손이 아버지와 함께 마차를 타고 외출했다.

"아니, 이렇게 추운 날씨에 홑바지를 입다니!"

말을 타고 가던 중에 민손의 아버지는 아들이 솜 대신 가랑잎을 넣은 바지를 입고 있다는 사실을 알고는 깜짝 놀랐다.

몹시 노한 아버지는 그 길로 집으로 돌아가 계모를 쫓아내려고 했다. 그러자 민손이 나서서 말했다.

"아버님, 부디 지금처럼 어머니와 함께 살게 해 주십시오. 어머니와 함께 산다면 저 혼자만 조금 고생하면 되지만, 어머니께서 집을 나가신다면 저희 세 형제가 다 함께 고생을 해야 합니다. 다른 새어머니께서 들어오신다 해도 저희 삼 형제를 구박할 것이니 지금 어머니를 모시고 살게 해 주십시오."

민손의 효심에 감탄한 아버지는 결국 계모를 용서해 주었다.

귀한 자식일수록 엄하게

연 아 다 여 봉　증 아 다 여 식
憐兒多與棒. 憎兒多與食.

아이를 사랑하거든 매를 많이 때리고, 아이를 미워하거든 먹을 것을 많이 주어라.

– 훈자편

황희 정승은 평소에 김종서를 매우 엄하게 대했다고 한다. 아주 사소한 잘못에도 황희는 불같이 노해 김종서를 꾸짖곤 했다. 옆에서 보는 사람도 너무하다 싶을 정도였다.

그래서 하루는 맹사성이 황희에게 찾아가 말했다.

“김종서도 이제는 판서 자리에 올라 있고, 학문과 덕망도 그 누구에게 뒤지지 않는데 그렇게까지 엄하게 다룰 필요는 없지 않겠습니까? 그에게도 체면이 있을 텐데 말입니다.”

그러나 황희는 가타부타 대꾸가 없이 그저 가벼운 웃음으로 넘겨버렸다. 세월이 흘러 황희가 연로하여 관직에서 물러나게 됐다.

그는 임금을 알현하고 김종서는 대단히 유능한 인재이니 요직을 맡

겨도 반드시 그 임무를 감당할 것이라고 말했다.

그리고 맹사성과 만난 자리에서는 이렇게 말했다.

"나는 누구보다도 김종서를 아끼는 사람이오. 옛말에 귀한 자식에게 매를 한 번 더 든다는 말이 있지 않소? 나는 지금까지 그 심정으로 김종서를 대했던 것이오."

할미꽃 이야기

자왈 부모재 불원유 유필유방
子曰 父母在, 不遠遊, 遊必有方.

공자가 말하였다.
부모가 살아 계시면 멀리 나가 놀지 말 것이며, 놀 때는 반드시 가는 곳을 알려야 한다.
– 효행편

옛날에 가난한 할머니가 있었다.

할머니에게는 손녀가 둘 있었는데, 큰손녀는 마음씨는 고약하지만 얼굴이 예뻐 부잣집으로 시집을 가서 잘 살고 있었고, 마음씨 착한 작은손녀는 가난한 나무꾼에게 시집을 가서 어려운 살림을 꾸리고 있었다.

할머니가 나이가 들어 마지막으로 손녀들의 얼굴이나 보고 죽으려고 집을 나섰다. 먼저 큰손녀의 집으로 찾아갔다. 부잣집에서 살기 때문에 대접도 후하게 해 주리라고 할머니는 생각했다. 그러나 큰손녀는 자기 시어머니에게 밉보일 것이 두려워 할머니를 돌려보냈다.

할 수 없이 할머니는 작은손녀를 찾아가기로 했다.

할머니는 큰손녀 집에서 아침밥도 먹지 못하고 나와 기운이 없었다. 더구나 작은손녀의 집은 산속에 있어 길이 멀고 험했다. 높은 고개를 세 개나 넘어야 하는 먼 길이었다.

그 전날 밤, 작은손녀는 꿈에서 할머니를 보았다. 몹시 초췌한 몰골로 길바닥에 쓰러져 있는 꿈이었다.

너무 불길한 꿈이라 이튿날 아침 날이 밝자마자 작은손녀는 집을 나서 고개를 넘어가 보았다.

그랬더니 정말 꿈에서처럼 할머니가 길에 쓰러져 있었다.

"할머니!"

작은손녀는 달려가서 할머니를 끌어안았으나 이미 숨을 거둔 후였다.

"할머니, 용서하세요. 진작 제가 모시러 갔어야 했는데……."

작은손녀는 할머니를 양지바른 곳에 묻어 드렸다.

이듬해 봄이 됐다. 할머니의 무덤 위에 이상한 꽃 한 송이가 피었다. 그 꽃은 작은손녀의 집을 향해 허리가 굽은 채로 피어 있었다.

사람들은 그 꽃에 얽힌 이야기를 듣고, 할미꽃이라고 불렀다.

明心寶鑑

7

올바른 정치를 하려면

간사한 말장난

포박자왈 영부월이정간 거정확이진언 차위충신야
抱朴子曰 迎斧鉞而正諫, 據鼎鑊而盡言, 此謂忠臣也.

포박자가 말하였다. 도끼로 맞는 형벌을 받더라도 바른길로 간해야 하며,
솥에 넣어 죽이는 형벌을 받더라도 옳은 말을 한다면 이 사람이 바로 충신이다.

– 치정편

송나라 연왕燕王은 정밀한 공예품을 무척 좋아했다.

하루는 어떤 자가 연왕에게 찾아와 나무의 가시 끝에다가 원숭이 형상을 조각하겠다고 말했다.

"왕께서 원숭이의 모습을 보시고자 하면 반드시 3개월 동안 목욕재계한 연후에 보셔야 합니다."

연왕은 이 말을 믿고 그에게 사방 1백 80리의 땅을 주고 극진히 대우했다. 그러자 궁중에서 쇠붙이를 다루는 대장장이가 찾아와 연왕에게 진언했다.

"왕께서 열흘 동안이나 술과 고기를 멀리하며 재계하기란 쉬운 일이 아닙니다. 그자는 왕께서 그처럼 오랫동안 재계하시면서까지 쓸

모없는 물건을 구경하려 하지 않으리라는 것을 알기 때문에 3개월이라는 긴 기한을 정한 것입니다. 또한 조각에 사용하는 칼은 깎는 물체보다 반드시 작아야 합니다. 그러나 대장장이인 저도 여태껏 그렇게 작은 칼은 만들어 본 적이 없습니다. 그러므로 그자가 가시에다 원숭이의 모습을 조각하겠다는 것은 거짓입니다. 부디 그 진위를 철저히 조사해 보심이 옳을 줄 압니다."

이 말을 들은 연왕은 즉시 그자를 잡아들여 문초했다.

"너는 가시 끝에다 원숭이를 조각하겠다고 했는데, 무엇을 가지고 조각을 하려 했느냐?"

"조각칼을 가지고 할 작정이었습니다."

"그렇다면 과인에게 그 칼을 보여 주거라."

"그, 그것이……."

대장장이의 말대로 그의 말은 허망한 것이었다. 연왕은 그에게 준 땅을 거두고 그 자리에서 목을 베었다.

려왕의 북소리

구법조조락 기공일일우
懼法朝朝樂, 欺公日日憂.

법을 두려워하면 언제나 즐거울 것이요, 나랏일을 속이면 날마다 근심이 된다.

– 존심편

초나라 려왕厲王은 백성들과 약속 한 가지를 해 두었다.

비상시에 북을 쳐서 위험을 알리고, 대피토록 하는 약속이었다.

어느 날, 려왕은 술에 취해 그만 실수로 북을 치고 말았다. 그러자 백성들은 매우 놀라 변경으로 달아나려고 했다. 려왕은 그제야 정신을 차리고 병사들을 풀어 백성들을 만류했다.

"과인이 술에 취해 실수로 북을 친 것이다."

백성들은 모두 각자의 집으로 돌아갔다.

그 후 수개월이 지나 이번에는 정말로 적의 침입이 있어 려왕이 북을 쳤다. 그러나 백성들은 아무도 도망가려 하지 않았다. 그뿐만 아니라 다른 법령도 잘 지키려 하지 않았다.

이에 려왕은 깨달은 바가 있어 모든 법령을 다시 검토하여 새롭게 법을 세웠다. 그러자 백성들이 려왕의 말을 믿고, 다른 법령도 잘 따르게 됐다.

따귀 한 대에 한 냥

경 행 록 운 위 정 지 요 일 공 여 청 성 가 지 도 일 검 여 근
景行錄 云 爲政之要, 日公與清. 成家之道, 日儉與勤.

《경행록》에서 말하였다.
정치를 하는 데 긴요한 것은 공평과 청렴이요, 집을 이루는 도는 검소와 근면이다.

– 입교편

옛날에 어느 사내가 길을 가고 있는데 난데없이 한 중년 남자가 나타나 갑자기 따귀를 한 대 올려붙였다.

사내가 그 중년 남자를 올려다보니 전혀 모르는 사람이었다. 사내에게 따귀를 때린 중년 남자는 이 고을의 사또와 잘 아는 사이라는 배경을 이용해 온갖 못된 짓을 일삼는 자였다.

"왜 이러는 거요? 당신 누구요?"

사내가 눈을 동그랗게 뜨며 묻자 남자는 얼른 발뺌을 했다.

"어이구, 이거 미안하오. 내가 사람을 잘못 본 것 같군. 아는 사람인 줄 알고 실수를 한 것이니 용서하시구려……."

남자는 그렇게 너스레를 떨며 제 갈 길을 가려고 했다. 사내는 너무

어이가 없고 화가 나 그자를 끌고 사또에게로 갔다.

사내에게 자초지종을 듣고 난 사또는 이렇게 판결을 내렸다.

"저 사내에게 배상금 한 냥을 주거라."

너무 기가 막힌 판결이 아닐 수 없었다. 더구나 어이가 없었던 것은 남자는 지금 가진 돈이 없으니 자기 집에 가서 돈을 가져오겠다는 것이었다. 평소 남자와 잘 알고 지내던 사또는 사내의 말에 동의해 주었다.

그래도 사내는 꾹 참고 남자가 오기를 기다렸다. 그러나 날이 어두워질 때까지도 남자는 나타나지 않았다. 사또는 한마디 말도 없이 상석에 앉아 끄덕끄덕 졸고 있었다.

그것을 본 사내는 부아가 치밀어 사또의 따귀를 힘껏 후려갈겼다.

"뭐, 뭐냐? 이놈이 실성을 했나?"

깜짝 놀란 사또는 눈을 치뜨며 자리에서 벌떡 일어났다.

사내는 사또의 노여움에 아랑곳하지 않고 유유히 관가를 빠져나가며 말했다.

"나는 갈 길이 바빠 그만 가 볼 테니 나를 때린 자가 돈을 가져오거든 사또께서 그 한 냥을 갖도록 하십시오."

몸 하나에 입이 두 개

조정에 간신들이 들끓고, 서로 시기하며 정권을 잡으려 다투던 때에 한비자韓非子가 왕을 깨우치기 위해 앞으로 나아가 간했다.

"벌레 가운데 회蚘라는 기생충이 있는데, 몸은 하나지만 입이 두 개입니다."

"오, 그런 벌레도 있는가?"

왕은 신기한 표정을 지었다.

"그런데 그 벌레의 입은 먹이 하나를 두고 서로 다투기가 일쑤입니다. 다툼이 심해지면 서로 물어뜯기도 합니다."

"그렇다면 결국 자기 몸이 상하게 되는 것이 아닌가?"

"그렇습니다. 결국 그 벌레는 싸우다가 피를 흘리며 스스로 제 몸을 죽이게 됩니다. 이와 마찬가지로 신하들이 서로 정권 쟁탈만 하다 보면 끝내는 그 나라를 망치게 되니, 회라는 미물微物의 소행과 다를 것이 무엇이겠습니까?"

왕은 그 말의 뜻을 알아듣고 조정의 기강을 세우는 일에 전념했다.

혹문 부좌령자야
惑問 簿佐令者也

부욕소위 영혹부종 내하
簿欲所爲 令或不從 奈何

이천선생왈 당이성의동지
伊川先生曰 當以誠意動之

금령여부불화 편시쟁사의 영시읍지장
今令與簿不和 便是爭私意 令是邑之長

약능이사부형지도사지
若能以事父兄之道事之

과칙귀기 선칙유공불귀어령 적차성의기유부동득인
過則歸己 善則唯恐不歸於令 積此誠意豈有不動得人

어떤 사람이 물었다.
"부(簿)는 영(令)을 보좌하는 자인데, 부가 하고자 하는 바를
혹시 영이 따르지 않는다면 어떻게 합니까?"
이천 선생이 대답했다.
"마땅히 성의로써 감동시켜 움직여야 할 것이다.
영과 부가 화목하지 않는 것은 사사로운 생각으로 다투기 때문이다.
영은 고을의 장관이니 만약 자기 부형(父兄)을 섬기는 도리로 섬겨서,
잘못이 있으면 자기에게로 돌리고, 잘한 일의 공로가 영에게로 돌아가지 않으면 어쩌나 하고
근심스런 마음을 갖는다면 어찌 사람을 감동시키지 못하겠는가."

술 때문에 나라를 잃은 걸왕

주 색 재 기 사 도 장　다 소 현 우 재 내 상
酒色財氣四堵墻, 多少賢愚在內廂.

약 유 세 인 도 득 출　변 시 신 선 불 사 방
若有世人跳得出, 便是神仙不死方.

술과 색과 재물과 기운의 네 가지로 쌓은 담 안에
수많은 어진 이와 어리석은 사람이 들어가 있다(헤어나지 못하고 있다).
만약 그 누가 이곳을 뛰쳐나올 수 있다면, 그것은 곧 신선처럼 죽지 않는 방법이다.

– 성심편

소적매紹績昧라는 자가 있었는데, 술에 몹시 취해 길바닥에서 잠을 자다가 입고 있던 비단옷을 잃어버린 적이 있었다.

어느 날, 입궐한 소적매에게 송왕宋王이 이에 대해 빈정거리며 물었다.

"술에 취했다고 껍질까지 잃어버리고 다니다니, 우스운 일이 아닌가?"

그러자 소적매가 왕의 말을 받아 답했다.

"하夏나라의 걸왕은 술 때문에 천하를 잃었습니다. 그렇기 때문에 서경書徑에서는 언제나 술을 마시지 말라고 했습니다. 항상 술에 취해 있게 되면 천자는 천하를 잃어버리고, 필부는 제 몸을 잃어버린다고 했습니다. 걸왕이 나라를 잃어버린 것에 비한다면, 신이 비단옷을 잃어버린 것쯤은 아무것도 아닙니다."

덕으로써 다스려야 할 백성

증자왈 조정막여작 향당막여치 보세장민막여덕
曾子曰 朝廷莫如爵. 鄕黨莫如齒. 輔世長民莫如德.

증자가 말하였다. 조정에서는 관직보다 좋은 것이 없고,
한 고을에서는 나이가 많은 사람보다 나은 이가 없으며,
나랏일을 잘하고 백성을 다스리는 데는 덕보다 더한 것이 없다.

– 준례편

온溫 땅에 사는 어느 노인이 주나라에 갔다.

당시 주나라에서는 외국인을 입국시키지 않는다는 법이 시행되고 있었다. 주나라의 국경을 지키는 관리가 노인에게 물었다.

"그대는 외국 사람이 아닌가?"

노인이 고개를 저으며 대답했다.

"아니요. 나는 이 땅의 사람이오."

"그렇다면 어느 고을에 사는지 말하라."

그러나 노인은 얼른 대답하지 못하고 머뭇거렸다.

"수상한 자로군. 끌고 가라."

옥에 갇힌 노인에게 주나라 왕이 사람을 보내 물었다.

"너는 주나라 사람도 아니면서 왜 신분을 속였는가?"

노인이 차분하게 대답했다.

"소인이 읽은《시경詩經》중에는 '넓은 하늘 아래 어디나 천자의 땅이 아닌 데가 없고, 땅이 이어진 곳 어디를 가도 그곳에 살고 있는 사람은 천자의 신하 아닌 자가 없다.'라는 구절이 있었습니다. 그러므로 저는 분명 천자의 신하입니다. 결코 외국인이라 할 수 없습니다. 그래서 국경을 지키는 관리에게 이 땅에 사는 사람이라고 대답한 것입니다."

주나라 왕은 노인의 말을 전해 들은 다음, 덕을 베풀어 즉시 그를 풀어 주었다.

하늘에 죄를 짓지 말라

자왈 획죄어천 무소도야
子曰 獲罪於天, 無所禱也.

공자가 말하였다. 악한 일을 하여 하늘에 죄를 지으면 빌(호소할) 곳이 없다.

– 천명편

공자는 그의 나이 55세 때 노魯나라에서 지금의 법무장관직을 맡고 있었었다. 그러나 향락에 빠진 노나라 왕의 작태를 한탄하며 벼슬을 버리고 위衛나라로 건너갔다.

어느 날, 위衛나라의 실질적인 위치에 있는 권력자 대부大夫 왕손가王孫賈가 공자의 마음을 떠보려고 찾아왔다. 그는 공자에게 은근히 이런 물음을 던졌다.

"선생께 한 가지 묻겠습니다. '깊은 방 속에 모셔 놓은 신주神主에게 비는 것보다, 차라리 부뚜막 귀신에게 비는 것이 낫다'는 말이 있는데, 이게 무슨 뜻인지 아십니까?"

공자는 위나라에 도착해 왕을 뵌 자리에서 벼슬을 할 뜻이 있음을 전한 바 있었다. 그런데 이 사실을 눈치챈 왕손가가 실질적인 권력을 쥐고 있는 자기에게 부탁하지 않고, 힘도 없는 위왕에게 먼저 부탁을 했느냐는 뜻으로 한 말이었다.

그의 물음에 공자는 대답할 가치조차 없다고 생각했으나, 자신의 소신을 분명하게 전하기 위해 짧게 대답했다.

"그 말뜻은 알고 있지만, 결코 옳은 것은 아닙니다. 하늘에 죄를 짓게 되면 빌 곳이 없게 됩니다."

공자가 천리天理를 내세우며 교묘하게 왕손가의 제의를 거절하자 그는 말없이 돌아갔다.

공자는 하늘이 자신에게 부여한 일만 충실히 하겠다는 뜻을 왕손가에게 전한 것이었다.

장군의 깨달음

당관자 필이폭노위계
當官者, 必以暴怒爲戒,

사유불가 당상처지 필무부중
事有不可, 當詳處之, 必無不中,

약선폭노 지능자해 기능해인
若先暴怒, 只能自害. 豈能害人.

관직에 있는 자는 반드시 심하게 성내는 것을 경계하라.
일에 옳지 못한 점이 있을지라도 자상하게 처리하면 반드시 해결될 것이나,
먼저 성내기부터 한다면 단지 자신만 해롭게 할 뿐이니 어찌 남을 해롭게 할 수 있겠는가.

– 치정편

유명한 워털루 전투에서 나폴레옹의 군대를 물리쳤던 명장 웰링턴 장군이 하루는 여러 명의 부하를 거느리고 여우 사냥에 나섰다.

"장군님, 저쪽에 여우가 나타났습니다. 아주 큰 놈입니다!"

부하의 외침을 듣고 웰링턴 장군은 재빨리 말을 달렸다. 그러자 여우는 죽을힘을 다해 도망가다가 담이 높은 어느 농부의 집 안으로 숨어 버렸다. 웰링턴 장군은 급히 그 집으로 달려가 문을 두드렸다.

"빨리 문을 열어라!"

"누구신데 함부로 남의 집 문을 두드리는 겁니까?"

집 안에서 소년의 목소리가 새어 나왔다.

"지금 집 안으로 여우가 들어갔다. 그놈이 달아날지 모르니 어서 문을 열거라!"

"안 됩니다. 저희 아버님께서 낯선 사람에게는 절대 문을 열어 주지 말라고 하셨습니다."

소년의 당돌함에 웰링턴은 어쩔 수 없이 자신의 신분을 밝혔다.

"나는 웰링턴 장군이다. 이건 명령이니, 어서 문을 열거라."

"아무리 장군님이시라고 해도 문만은 절대 열 수가 없습니다."

"내 명령을 거역하겠다는 말이냐?"

"네, 그렇습니다. 아버님께서는 장군님처럼 남의 농장을 사냥터로 삼는 사람들이 있기 때문에 담을 높이 쌓은 것입니다. 그런데도 장군님께서는 겨우 여우 한 마리 때문에 제게 아버님의 당부를 어기라고 하시는 것입니까?"

웰링턴 장군은 소년의 말을 듣고 그제야 잘못을 깨달았다.

"음, 네 말이 옳구나. 나의 잘못이 크다. 비록 여우는 못 잡았지만 나는 오늘 귀한 깨달음 하나를 얻었구나. 그만 돌아갈 테니 잘 있거라."

장군은 천천히 말머리를 돌렸다.

진정한 태평성대란?

장원시 운 국정천심순 관청민자안
壯元詩 云 國正天心順 官清民自安.

처현부화소 자효부심관
妻賢夫禍少, 子孝父心寬.

《장원시》에서 말하였다.
나라가 바르면 하늘도 순하고, 벼슬아치가 청백하면 온 백성이 저절로 편안해진다.
아내가 어질면 남편의 화가 적을 것이고, 자식이 효도하면 마음이 너그러워진다.

– 성심편

중국 요堯 임금이 천하를 다스린 지 50년이 지났을 무렵이다.

어떤 소요도 없이 태평한 나날이 이어지고 있던 어느 날, 요 임금은 과연 백성들이 만족한 생활을 하고 있는지 두 눈으로 직접 확인하려고 평민 차림으로 변복을 한 채 거리로 나섰다.

강구康衢라는 넓은 길로 나왔을 때 아이들이 요 임금의 덕을 찬양하는 노래를 부르며 놀고 있었다.

"우리 백성들의 살림살이가 편안한 것은, 모두가 임금님의 지극함 때문이라네, 느끼지도 못하고 알지도 못하면서, 그저 임금님의 법에 따르고 있다네立我烝民 莫匪爾極 不識不知 順帝之則."

노래의 뜻은, 임금이 사람의 본성에 따라 백성을 도리에 맞게 인도

하기 때문에, 백성들은 법이니 정치니 하는 따위를 배우지 않아도 자연히 임금님의 가르침에 따르게 된다는 것이다. 이 노래를 강구가무康衢歌舞라고도 한다.

요 임금은 이것만으로는 백성들이 만족할 생활을 한다고 단정 지을 수가 없어서 다시 발길을 옮겼다.

어느 한적한 길가에 이르니 웬 노인 하나가 두 다리를 쭉 뻗고 편안한 자세로 앉아 노래를 부르고 있었다. 노인은 한 손으로는 배를 두드리고, 다른 한 손으로는 땅바닥을 치며 장단을 맞추고 있는 중이었다.

"해가 뜨면 일하고, 해가 지면 쉰다네. 우물을 파서 마시고, 밭을 갈아서 먹으니, 우리에게 임금이 무슨 소용이 있단 말인가日出而作 日入而息 耕田而食 鑿井而飮 帝力何有于我哉."

이는 임금, 즉 정치의 필요성을 느끼지 못할 정도로 세상이 태평하다는 뜻이었다. 요 임금은 이 노래를 듣고서야 크게 만족하여 돌아갔다. 이 노래를 격양가擊壤歌라고 한다.

곡식과 백성이 왕보다 상전

당 태 종 어 제 운
唐太宗御製 云

상 유 휘 지 중 유 승 지 하 유 부 지 폐 백 의 지
上有麾之 中有乘之 下有附之 幣帛衣之

창 름 식 지 이 봉 이 록 민 고 민 지
倉廩食之 爾俸爾祿 民膏民指.

하 민 역 학 상 창 난 기
下民 易虐 上蒼 難欺.

당나라 태종이 말하였다. 위에는 지시하는 이가 있고,
중간에는 지시로 다스리는 관원이 있으며, 아래로는 이에 따르는 백성이 있다.
백성이 바친 베로 옷을 지어 입고, 곳간에 거두어 둔 곡식으로 밥을 지어 먹으니
너희의 봉록은 다 백성들의 기름인 것이다.
아래의 백성은 학대하기가 쉽지만 위에 있는 하늘은 속이기 어려운 법이다.

– 치정편

제나라 왕이 사신을 보내 조나라 위후에게 문안 편지를 올렸다. 위후는 사신이 가져온 편지는 펼쳐 보지도 않은 채 먼저 이렇게 물었다.

"올해에 제나라에는 흉년은 들지 않았는가? 백성들은 모두 별일 없는가? 왕께서도 편안하신가?"

이 말을 듣고 사신이 불쾌한 표정을 지으며 물었다.

"먼저 저희 왕의 안부를 묻지 않으시고, 곡식과 백성의 안부를 먼저

물으시니 이는 천한 것을 앞세우고 귀한 것을 뒤로하는 처사가 아닌지요?"

위후가 단호하게 대답했다.

"그렇지 않다."

"저는 아직도 이해할 수가 없습니다. 자세히 말씀해 주십시오."

"만약 제나라에 흉년이 들었다면 백성이 어떻게 존재할 수 있겠느냐? 또한 백성이 없는데 어찌 왕이 존재하겠느냐?"

사신은 아무 대답도 하지 못했다.

훌륭한 지도자를 섬겨라

몸통이 유난히 긴 뱀이 있었다. 그 뱀의 꼬리는 항상 머리가 가는 곳만을 따라다녀야만 했다.

어느 날, 뱀의 꼬리가 참다못해 머리에게 불만을 터뜨렸다.

"야, 머리야. 왜 너는 항상 네 마음대로만 돌아다니는 거냐? 이제 네 뒤를 쫓아다니는 것도 신물이 난다. 그리고 나도 어엿한 뱀의 한 부분인데 항상 노예처럼 너한테 끌려다니기만 하니 이건 너무 불공평하잖아?"

"바보 같은 소리 작작 좀 해라. 너한테는 앞을 볼 수 있는 눈도 없고, 행동거지를 결정할 두뇌도 없잖아? 나는 결코 나 자신만을 위해서 내가 결정한 길로 다니는 게 아니라고. 온갖 위험으로부터 나와 너를 지키기 위해서 그렇게 하는 거야."

꼬리가 지지 않고 대들었다.

"그따위 궤변은 듣고 싶지도 않다. 독재자나 폭군들도 너처럼 달콤한 말로 백성들을 꾀어 그 위에 군림하지. 이제부터는 내가 앞장서서 너를 끌고 갈 테니 그렇게 알아라."

꼬리의 말에 어이가 없어진 머리가 이렇게 충고했다.

"그건 절대 안 된다. 너는 눈도 없고 귀도 없고 생각할 수도 없기 때문에 위험이 닥치면 해결할 수가 없어. 만약 위험을 피하지 못하면 너뿐만 아니라 나도 살아남을 수가 없어."

그러나 꼬리는 막무가내로 자기가 앞장서겠다고 우겼다. 머리는 하는 수 없이 꼬리가 하자는 대로 따르기로 했다. 머리의 말을 들은 꼬리는 우쭐대며 앞장서서 나아가기 시작했다.

그러나 얼마 안 가서 도랑으로 곤두박질치고 말았다. 꼬리 때문에 뱀의 긴 몸통이 물속에서 허우적거리기 시작했다. 결국 머리가 있는 힘을 다해 물 밖으로 나온 덕분에 나머지 몸통도 겨우 땅 위로 나올 수가 있었다. 겨우 한숨 돌리게 된 꼬리는 다시 앞장서서 나아갔다. 그런데 이번에도 얼마 못 가서 가시덤불에 빠지고 말았다. 꼬리가 서두르면 서두를수록 몸통이 온통 가시에 찔려 어찌해 볼 도리가 없었다. 이번에도 다시 머리가 죽을힘을 다해 가시덤불 사이를 빠져나왔다. 겨우 목숨을 건졌다고 한숨을 쉬고 있는데, 다시 꼬리가 움직이기 시작했다.

"이제 그만하자."

머리가 말렸지만 꼬리는 고집스레 앞으로 나아갔다. 그러더니 결국 불길 속으로 뛰어들고 말았다. 몸이 점점 뜨거워지기 시작했다. 이번에도 머리가 나서서 불길을 헤치고 나오려 했지만 이미 때는 늦어 있었다. 몸의 절반이 새카맣게 타 마음대로 움직일 수가 없었다.

결국 꼬리와 머리, 아니 뱀 전체가 불에 타 죽고 말았다.

이처럼 지도자를 선출할 때는 항상 머리를 선택해야 하며, 꼬리를 선택하면 파멸하게 되는 것이다.

事君 如事親 事長官 如事兄 與同僚 與家人
사군 여사친 사장관 여사형 여동료 여가인

待羣吏 如奴僕 愛百姓 如妻子
대군리 여노복 애백성 여처자

處官事 如家事 然後 能盡吾之心
처관사 여가사 연후 능진오지심

如有毫末不至 皆吾心 有所未盡也
여유호말부지 개오심 유소미진야

임금을 어버이 섬기듯 하고, 윗사람을 나의 형 섬기듯 하며, 동료를 나의 가족처럼 대하고,
여러 아전을 내 집 종을 대접하듯 하며, 백성을 내 처자 사랑하듯 하고,
나랏일을 내 집안일을 처리하듯 하고 난 뒤에야 내 마음을 다했다고 할 것이다.
만약 털끝만큼이라도 이에 미흡함이 있다면
내 마음에 아직 다하지 못한 바가 있기 때문이다.

생선을 좋아하는 정승

동몽훈왈 당관지법 유유삼사 왈청왈신왈근
童蒙訓曰 當官之法 唯有三事 曰淸曰愼曰勤.

지차삼자 지소이지신의
知此三者 知所以持身矣.

《동몽훈》에서 말하였다. 관리된 자의 지켜야 할 법은 오직 세 가지가 있으니,
청렴과 신중과 근면이다. 이 세 가지를 알면 몸 가질 바를 안다.

— 치정편

정나라에 청렴한 정승이 있었다.

그는 음식 가운데 생선을 아주 좋아했다. 그러나 워낙 청빈하게 살았기 때문에 그 좋아하는 생선도 자주 먹을 수가 없었다.

하루는 어떤 사람이 청탁을 하려고 정승의 집으로 찾아왔다. 그는 정승이 생선을 좋아한다는 사실을 알고 일부러 맛있는 생선만 골라 정성껏 포장해 뇌물로 남겨 두고 돌아갔다.

정승이 집에 돌아와 생선 꾸러미를 보자 화를 내며 말했다.

"당장 이것들을 돌려보내라!"

하인들은 정승의 불호령이 떨어지자 얼른 생선 꾸러미를 주인에게 돌려주었다.

나중에 어떤 사람이 정승에게 그 일에 대해 물었다.

"정승께서는 그토록 생선을 좋아하시면서 그때 왜 그 생선 꾸러미를 받지 않으셨습니까?"

정승이 미소를 지으며 대답했다.

"내가 생선을 좋아하기 때문에 받지 않았던 것일세."

"그게 무슨 말씀입니까? 생선을 그리 좋아하시면 당연히 받으셨어야지요."

"그렇지 않아. 생각해 보게. 그 생선은 뇌물이었네. 그런데 뇌물인지 알면서도 그것을 받는다면 나는 부정한 관리가 되지 않겠나? 그렇게 되면 결국 나는 정승 자리에서 물러나야 할 것이고, 물론 녹봉도 받지 못할 것이니 그나마 가끔 먹을 수 있던 생선마저 못 먹게 될 것이 아닌가? 나는 그때 뇌물을 받지 않은 것이 얼마나 다행스러운지 모르겠네. 앞으로도 나는 계속 녹봉을 받을 것이고, 또 좋아하는 생선도 계속 먹을 수 있게 됐으니 말이야."

明心寶鑑

부록

명심보감 원문

明心寶鑑

계선편 繼善篇

선(善)을 잇는다(繼),
즉 착한 일을 계속하며 살아가야 한다는 뜻이다.

자왈 위선자 천보지이복 위불선자 천보지이화
子曰 爲善者는 天報之以福하고 爲不善者는 天報之以禍니라.

공자가 말하였다. 착한 일을 하는 자에게는 하늘이 복으로 답하고 악한 일을 하는 자에게는 하늘이 재앙을 내린다.

한소열 장종 칙후주왈 물이선소이불위 물이악소이위지
漢昭列이 將終에 勅後主曰 勿以善小而不爲하고 勿以惡小而爲之하라.

한나라의 소열 황제가 임종할 때 후주에게 조칙을 내려 말하였다. 선이 작다고 하여 아니하지 말고, 악이 작다고 하여 행하지 말라.

장자왈 일일불념선 제악 개자기
莊子曰 一日不念善이면 諸惡이 皆自起니라.

장자가 말하였다. 하루라도 착한 일을 생각하지 않으면 모든 악한 것이 저절로 일어난다.

태공왈 견선여갈 문악여롱 우왈 선사 수탐 악사 막악
太公曰 見善如渴하고 聞惡如聾하라 又曰 善事란 須貪하고 惡事란 莫樂하라.

태공이 말하였다. 착한 일을 보거든 목마를 때 물을 본 듯이 주저하지 말고 행하며, 악한 것을 듣거든 귀머거리처럼 행동하라. 또한 착한 일은 탐내야 하며, 악한 일을 즐기지 말라.

마원왈 종신행선 선유부족 일일행악 악자유여
馬援曰 終身行善이라도 善猶不足이요 一日行惡이라도 惡自猶餘니라.

마원이 말하였다. 착한 일은 한평생 행하여도 오히려 부족하고, 악한 일은 단 하루를 행하여도 그 자국이 가시지 않고 남게 된다.

사마온공왈 적금이유자손 미필 자손 능진수 적서이유자손
司馬溫公曰 積金以遺子孫이라도 未必 子孫이 能盡守요 積書以遺子孫이라도
미필 자손 능진독 불여 적음덕어명명지중 이위자손지계야
未必 子孫이 能盡讀이니 不如 積陰德於冥冥之中하야 以爲子孫之計也니라.

사마온공이 말하였다. 돈을 모아 자손에게 넘겨준다 하여도 자손이 반드시 다 지킬 수가 없으며, 책을 모아 자손에게 남겨 준다 하여도 자손이 반드시 다 읽을 수는 없다. 남모르게 덕을 쌓고 선을 행하는 것만큼 자손을 위한 좋은 가르침은 없다.

경행록왈 은의 광시 인생하처불상봉 수원 막결 로봉협처 난회피
景行錄曰 恩義 廣施 人生何處不相逢 讐怨 莫結 路逢狹處 難回避.

《경행록》에서 말하였다. 은혜와 의리를 널리 베풀어라. 인생 어느 곳에서든 서로 만나지 않으랴? 원수와 원한을 맺지 말라. 길 좁은 곳에서 만나면 피하기가 어렵지 않은가.

장자왈 어아선자 아역선지 어아악자 아역선지
莊子曰 於我善者도 我亦善之하고 於我惡者도 我亦善之니라
아기어인 무악 인능어아 무악재
我旣於人에 無惡이면 人能於我에 無惡哉인저

장자가 말하였다. 내게 착하게 대하는 자에게는 나 또한 착하게 대해 주고, 내게 악하게 대하는 자에게도 또한 착하게 대해 주어라. 내가 남에게 악하게 하지 않으면 남도 나에게 악하게 할 수 없을 것이다.

동악성제수훈왈 일일행선 복수미지 화자원의
東岳聖帝垂訓曰 一日行善이라도 福雖未至나 禍者遠矣요
일일행악 화수미지 복자원의 행선지인 여춘원지초
一日行惡이라도 禍雖未至나 福自遠矣니 行善之人은 如春園之草하야
불견기장 일유소증 행악지인 여마도지석
不見其長이라도 日有所增하고 行惡之人은 如磨刀之石하여
불견기손 일유소휴
不見其損이라도 日有所虧니라.

동악성제가 말하였다. 하루 정도 선행을 할지라도 비록 복은 다가오지 않으나 화는 자연히 멀어진다. 하루 정도 악행을 행할지라도 비록 화는 다가오지 않으나 복은 자연히 멀어진다. 착한 일을 행하는 사람은 봄 동산에 풀과 같아서 자라는 것이 보이지는 않으나 나날이 늘어나는 게 있고 악을 행하는 사람은 칼을 가는 숫돌과 같아서 닳아 없어지는 것은 보이지 않으나 날마다 줄어드는 게 있다.

자왈 견선여불급 견불선여탐탕
子曰 見善如不及하고 見不善如探湯하라.

공자가 말하였다. 착한 것을 보거든 아직도 부족한 듯이 행하고, 악한 것을 보거든 끓는 물을 만지듯이 행하라.

**하늘의 뜻에 따라 살 것을 권하고 있으며,
권선징악의 의미를 새기는 장이다.**

자왈 순천자 존 역천자 망
子曰 順天者는 存하고 逆天者는 亡이니라.

공자가 말했다. 하늘에 순종하는 자는 살고, 하늘을 거역하는 자는 망한다.

소강절선생왈 천청 적무음 창창하처심 비고역비원 도지재인심
邵康節先生曰 天聽이 寂無音하니 蒼蒼何處尋고 非高亦非遠이라 都只在人心이니라.

소강절 선생이 말하였다. 천명을 듣는다고는 하지만 고요하여 소리가 없고, 푸르고 푸른 하늘만 보이니 어디서 천명을 찾을 것인가. 그러나 천명은 높이 있는 것도 아니고 멀리 있는 것도 아니다. 모두가 사람 마음속에 있는 것이다.

현제수훈왈 인간사어 천청 약뢰 암실기심 신목 여전
玄帝垂訓曰 人間私語라도 天聽은 若雷하고 暗室欺心이라도 神目은 如電이니라.

현제가 말하였다. 인간의 사사로운 말도 하늘이 들으면 우레와 같고, 어두운 방일지라도 마음을 속이면 귀신의 눈은 마치 번개와 같아서 속일 수가 없다.

익지서 운 악관 약만 천필주지
益智書 云 惡鑵이 若滿이면 天必誅之니라.

《익지서》에서 말하였다. 나쁜 마음이 가득 차면 하늘이 반드시 벨 것이다.

장자왈 약인 작불선 득현명자 인수불해 천필육지
莊子曰 若人이 作不善하야 得顯名者는 人雖不害나 天必戮之니라.

장자가 말하였다. 만일 사람이 착하지 못한 일을 하여 이름을 세상에 드높인 자는 비록 사람이 해치지 않더라도 하늘이 반드시 벌할 것이다.

종과득과 종두득두 천망 회회 소이불루
種瓜得瓜요 種豆得豆니 天網이 恢恢하야 疎而不漏니라.

오이씨를 심으면 오이를 얻고 콩을 심으면 콩을 얻는다. 하늘의 그물은 넓고 넓어서 성글기는 하지만(모든 것을 다 지켜보지만) 새지는(사소한 것 하나라도 빼놓지는) 않는다.

자왈 획죄어천 무소도야
子曰 獲罪於天이면 無所禱也니라.

공자가 말하였다. 악한 일을 하여 하늘에 죄를 지으면 빌(호소할) 곳이 없다.

明心寶鑑

순명편 順命篇

**하늘의 뜻에 순수히 응하라.
즉 자기 분수를 알고 행동하라는 가르침이 담긴 장.**

자왈 사생 유명 부귀재천
子曰 死生이 有命이오 富貴在天이니라.

공자가 말하였다. 죽고 사는 것은 운명에 달려 있고, 부자가 되고 귀하게 되는 것은 하늘에 달려 있다.

만사분이정 부생공자망
萬事分已定이어늘 浮生空自忙이니라.

모든 일에는 이미 분수가 정해져 있는데 세상 사람들이 부질없이 바쁘게 움직인다.

경행록 운 화불가행면 복불가재구
景行錄 云 禍不可倖免이오 福不可再求니라.

《경행록》에서 말하였다. 화는 요행으로는 면하지 못하고, 복은 가히 두 번 다시 구하지 못한다.

시래 풍송등왕각 운퇴 뇌굉천복비
時來에 風送滕王閣이오 運退에 雷轟薦福碑라.

때가 이르니 바람이 불어 등왕각으로 보내고, 운이 없으니 벼락이 천복비를 때렸다.

열자왈 치롱고아 가호부 지혜총명 각수빈
列子曰 癡聾痼瘂도 家豪富요 智慧聰明도 却受貧이라
연월일시 해재정 산래유명불유인
年月日時 該載定하니 算來由命不由人이니라.

열자가 말하였다. 어리석고 귀먹고 고질병이 있으며 벙어리라 해도 집은 호화롭고 부자요, 지혜 있고 총명하지만 도리어 가난할 수 있다. 운수는 해와 달과 날과 시가 분명히 정하여 있으니, 따지고 보면 부귀는 사람에게 그 원인이 있지 않고 운명에 달려 있다.

효에 대해 역설하고 있는 장이다.

시왈 부혜생아 모혜국아 애애부모 생아구로
時曰 父兮生我하시고 母兮鞠我하시니 哀哀父母여 生我劬勞셨다
욕보심은 호천망극
欲報深恩인대 昊天罔極이로다.

《시경》에서 말하였다. 아버지 나를 낳으시고 어머니 나를 기르시니, 아아 애달프고 슬프다 부모님이시여. 나를 낳아 기르시느라고 얼마나 수고하셨겠는가. 그 은혜를 갚고자 한다면 넓은 하늘도 끝이 없네.

자왈 효자지사친야 거칙치기경 양칙치기락 병칙치기우
子曰 孝子之事親也는 居則致其敬하고 養則致其樂하고 病則致其憂하고
상칙치기애 제칙치기엄
喪則致其哀하고 祭則致其嚴이니라.

공자가 말하였다. 효자가 어버이를 섬기는 것은, 기거하실 때에는 공경을 다하고, 봉양할 때에는 즐거움을 다하며, 병이 드신 때에는 근심을 다하고, 돌아가신 때에는 슬픔을 다하며, 제사 지낼 때에는 엄숙함을 다하는 것이다.

자왈 부모재 불원유 유필유방
子曰 父母在어시든 不遠遊하며 遊必有方이니라.

공자가 말하였다. 부모가 살아 계시면 멀리 나가 놀지 말 것이며, 놀 때에는 반드시 가는 곳을 알려야 한다.

자왈 부명소 유이불락 식재구즉토지
子曰 父命召어시든 唯而不諾하고 食在口則吐之니라.

공자가 말하였다. 아버지가 부르시면 머뭇거리지 말고 즉시 대답할 것이며, 음식이 입에 있거든 곧 뱉고 대답하라.

태공왈 효어친 자역효지 신기불효 자하효언
太公曰 孝於親이면 子亦孝之하나니 身旣不孝면 子何孝焉이리오.

태공이 말하였다. 내가 부모에게 효도하면 자식 또한 내게 효도하기 마련이다. 내가 부모에게 효도하지 않았는데 자식이 어찌 내게 효도를 하겠는가.

효순 환생효순자 오역 환생오역자
孝順은 還生孝順子요 忤逆은 還生忤逆子하나니
불신 단간첨두수 점점적적불차이
不信커든 但看簷頭水하라 點點滴滴不差移니라.

효순한 사람은 효순한 자식을 낳으며, 불손한 사람은 불손한 자식을 낳는다. 믿지 못하겠거든 저 처마 끝의 낙수를 보라. 방울방울 떨어져 내리는 자리가 조금도 어긋남이 없지 않은가.

明心寶鑑 — 정기편 正己篇

**자기 마음을 닦는 데
도움이 되는 글들이 담겨 있다.**

성리서 운 견인지선 이심기지선
性理書 云 見人之善이어든 而尋己之善하고
견인지악 이심기지악 여차 방시유익
見人之惡이어든 而尋己之惡이니 如此면 方是有益이니라.

《성리서》에서 말하였다. 남의 착한 것을 보고서 나의 착한 것을 찾고, 남의 악한 것을 보고서 나의 악한 것을 찾아라. 이와 같이 하면 유익함이 있을 것이다.

경행록 운 대장부 당용인 무위인소용
景行錄 云 大丈夫 當容人이언정 無爲人所容이니라.

《경행록》에서 말하였다. 대장부는 마땅히 남을 용서할지언정 남의 용서를 받는 사람은 되지 말아야 한다.

태공왈 물이귀기이천인 물이자대이멸소 물이시용이경적
太公曰 勿以貴己而賤人하고 勿以自大而蔑小하고 勿以恃勇而經敵이니라.

태공이 말하였다. 내가 귀하다고 하여 남을 천하게 여기지 말고, 자신이 크다고 하여 남의 작은 것을 업신여기지 말며, 용맹만을 믿고 적을 가볍게 여기지 말라.

마원왈 문인지과실 여문부모지명 이가득문 구불가언야
馬援曰 聞人之過失이어든 如聞父母之名하여 耳可得聞이언정 口不可言也이니라.

마원이 말하였다. 남의 허물을 듣거든 마치 부모의 이름을 듣는 것과 같이 하여 귀로 들을지언정 입으로는 말하지 말아야 한다.

강절소선생왈 문인지방 미상노 문인지예 미상희
康節邵先生曰 聞人之謗이라도 未嘗怒하며 聞人之譽라도 未嘗喜하며
문인지악 미상화 문인지선칙취이화지 우종이희지
聞人之惡이라도 未嘗和하며 聞人之善則就而和之하고 又從而喜之니라
기시왈 낙견선인 낙문선사 낙도선언 낙행선의
其時曰 樂見善人하며 樂聞善事하며 樂道善言하고 樂行善意하고
문인지악 여부망자 문인지선 여패난혜
聞人之惡이어든 如負芒刺하고 聞人之善이어든 如佩蘭蕙니라.

강절소 선생이 말하였다. 남에게서 비방을 듣더라도 곧 성내지 말며, 남에 동조하지 말며, 다른 이의 착함을 듣거든 곧 나아가 화응(和應)하고 또 함께 기뻐하라. 그가 지은 시에 이렇게 말했다. 착한 사람 보기를 즐겨 하며, 착한 일 듣기를 즐겨 하며, 착한 말 이르기를 즐겨 하며, 착한 뜻 행하기를 즐겨 하며, 남의 악함을 듣거든 사시를 등에 진 것 같이 하고, 남의 착함을 듣거든 난초를 몸에 지닌 것 같이 하라.

돈오선자 시오적 도오악자 시오사
道吾善者는 是吾賊이오 道吾惡者는 是吾師니라.

나를 착하다고 말해 주는 사람은 곧 내게 해로운 사람이요, 나의 나쁜 점을 말해 주는 사람은 곧 나의 스승이다.

태공왈 근위무가지보 신시호신지부
太公曰 勤爲無價之寶요 愼是護身之符니라.

태공이 말하였다. 부지런히 일하는 것은 더없이 귀중한 것이 될 것이요, 정성스럽게 하는 것은 몸을 보호하는 부적이다.

경행록왈 보생자 과욕 보신자 피명 무욕 이 무명 난
景行錄曰 保生者는 寡慾하고 保身者는 避名이니 無慾은 易나 無名은 難이니라.

《경행록》에서 말하였다. 삶을 보전하려는 자는 욕심을 적게 하고, 몸을 보전하려는 자는 이름을 피한다. 욕심을 없게 하기는 쉬우나 이름을 없게 하기는 어렵다.

자 왈 군 자 유 삼 계 소 지 시 혈 기 미 정
子曰 君子有三戒하니 少之時엔 血氣未定이라
계 지 재 색 급 기 장 야 혈 기 방 강
戒之在色하고 及其壯也하연 血氣方剛이라
계 지 재 투 급 기 노 야 혈 기 기 쇠 계 지 재 득
戒之在鬪하고 及其老也하연 血氣旣衰라 戒之在得이니라.

공자가 말하였다. 군자에게는 세 가지 경계할 것이 있다. 연소할 때에는 아직 혈기가 안정되어지지 않았기 때문에 여색을 경계해야 하고, 장성함에 이르면 혈기가 강성하기 때문에 싸움을 경계해야 하며, 늙어서는 혈기가 이미 쇠했기 때문에 탐욕을 경계해야 한다.

손 진 인 양 생 명 운 노 심 편 상 기 사 다 태 손 신
孫眞人養生銘 云 怒甚偏傷氣오 思多太損神이라
신 피 심 이 역 기 약 병 상 인
神疲心易役이오 氣弱病相因이라
물 사 비 환 극 당 령 음 식 균 재 삼 방 야 취 제 일 계 신 진
勿使悲歡極하고 當令飮食均하며 再三防夜醉하고 第一戒晨嗔하라.

손진인의《양생명》에서 말하였다. 심하게 성을 내면 기운을 상하고, 생각이 많으면 정신이 상한다. 정신이 피로하면 마음이 수고로워지기 쉽고, 기운이 약하면 병이 따라 일어난다. 너무 심하게 슬퍼하거나 기뻐하지 말 것이며, 음식을 고르게 먹어라. 밤에 술에 취하지 말며, 무엇보다 새벽녘에 성내는 것을 경계하라.

경 행 록 왈 식 담 정 신 상 심 청 몽 매 안
景行錄曰 食淡精神爽이오 心淸夢寐安이니라.

《경행록》에서 말하였다. 음식이 깨끗하면 마음이 상쾌하고, 마음이 맑으면 잠을 편히 잘 수 있다.

정 심 응 물 수 불 독 서 가 이 위 유 덕 군 자
定心應物하면 雖不讀書라도 可以爲有德君子이니라.

마음을 안정시켜 사물에 응할 수 있다면 비록 글을 읽지 않았더라도 덕이 있는 군자가 될 수 있다.

근 사 록 운 징 분 여 고 인 질 욕 여 방 수
近思錄云 懲忿을 如故人하고 窒慾을 如防水하라.

근사록에서 말하였다. 분노를 징계하기를 옛 성인처럼 하고, 욕심 막기를 물을

막듯이 하라.

이견지 운 피색 여피수 피풍여피전 막끽공심차 소식중야반
夷堅志 云 避色을 如避讐하고 避風如避箭하며 莫喫空心茶하고 少食中夜飯하라.

《이견지》에서 말하였다. 여색 피하기를 원수 피하듯 하고, 바람 피하기를 날아오는 화살 피하듯 하며, 빈속에 차를 마시지 말고, 밤중에 밥을 많이 먹지 말라.

순자왈 무용지변 불급지찰 기이물치
荀子曰 無用之辯과 不急之察을 棄而勿治하라.

순자가 말하였다. 쓸데없는 말과 급하지 않은 일은 처리하지 말라.

자왈 중 호지 필찰언 중 악지 필찰언
子曰 衆이 好之라도 必察焉하며 衆이 惡之라도 必察焉이니라.

공자가 말하였다. 모든 사람이 좋아하더라도 반드시 살펴야 하며, 모든 사람이 미워하더라도 반드시 살펴야 한다.

주중불어 진군자 재상분명 대장부
酒中不語는 眞君子요 財上分明은 大丈夫이니라.

술이 취한 가운데에도 말이 없음은 참다운 군자요, 재물에 대하여 분명함은 대장부이다.

만사종관 기복자후
萬事從寬이면 其福自厚이니라.

모든 일에 너그러움을 좇아서 행하면 그 복이 스스로 두터워진다.

태공왈 욕량타인 선수자량
太公曰 慾量他人인대 先須自量하라
상인지어 환시자상 함혈분인 선오기구
傷人之語는 還是自傷이니 含血噴人이면 先汚其口이니라.

태공이 말하였다. 다른 사람을 헤아려 보려면 먼저 스스로를 헤아려 보라. 남을 해치는 말은 오히려 스스로를 해치는 일이니, 피를 머금어 남에게 뿜으면 먼저 자기 입이 더러워진다.

범희 무익 유근 유공
凡戲는 無益이오 惟勤이 有功이니라.

무릇 유희는 이익됨이 없고, 오직 부지런한 것만이 공이 이루어진다.

태공왈 과전 불납리 이하 부정관
太公曰 瓜田에 不納履하고 李下에 不正冠이니라.

태공이 말하였다. 남의 오이 밭에 가서는 신을 고쳐 신지 말고, 남의 오얏나무 아래에서는 갓을 고쳐 쓰지 말라.

경행록왈 심가일 형불가불로 도가락 심불가불우
景行錄曰 心可逸이언정 形不可不勞요 道可樂이언정 心不可不憂니
형불로칙태타이폐 심불우칙황음부정
形不勞則怠惰易弊하고 心不憂則荒淫不定이라
고 일생어로이상휴 낙생어우이무염 일락자 우로 기가망호
故로 逸生於勞而常休하고 樂生於憂而無厭하나니 逸樂者는 憂勞를 豈可忘乎아.

《경행록》에서 말하였다. 마음을 편안하게 하더라도 육신은 수고롭게 해야 하고, 도를 즐기더라도 마음은 걱정하지 않을 수 없다. 육신을 수고롭게 하지 않으면 게을러서 허물어지기 쉽고, 마음이 걱정하지 않으면 주색에 빠져서 행동이 일정하지 않다. 그러므로 편안함은 수고로움에서 생겨 항상 기쁠 수 있고, 즐거움은 근심하는 데서 생겨 싫증이 없으니, 편하고 즐겁고자 하는 자가 어찌 근심과 수고로움을 저버릴 수 있겠는가?

이불문인지비 목불시인지단 구불언인지과 서기군자
耳不聞人之非하고 目不視人之短하고 口不言人之過라야 庶幾君子니라.

귀로 남의 그릇됨을 듣지 말고, 눈으로 남의 모자람을 보지 말고, 입으로 허물을 말하지 않아야 군자라 할 수 있다.

채백개왈 희노 재심 언출어구 불가불신
蔡伯皆曰 喜怒는 在心하고 言出於口하니 不可不愼이니라.

채백개가 말하였다. 기뻐하고 노여워하는 것은 마음속에 있고, 말은 입 밖으로 나가는 것이니 어찌 삼가지 않을 수 있겠는가.

재여 주침 자왈 후목 불가조야 분토지장 불가오야
宰予 晝寢이어늘 子曰 朽木은 不可雕也요 糞土之墻은 不可圬也니라.

재여가 낮잠을 자는데 공자가 말하였다. 썩은 나무는 조각을 할 수 없고, 썩은 흙으로 만든 담은 흙손질을 할 수 없다. (즉, 재여를 썩은 나무와 썩은 흙에 비유했다.)

자허원군성유심문왈 복생어청검 덕생어비퇴 도생어안정
紫虛元君誠諭心文曰 福生於淸儉하고 德生於卑退하고 道生於安靜하고
명생어화창 환생어다욕 화생어다탐 과생어경만 죄생어불인
命生於和暢하고 患生於多慾하고 禍生於多貪하고 過生於輕慢하고 罪生於不仁이니
계안막간타비 계구막담타단 계심막자탐진 계신막수악반
戒眼莫看他非하고 戒口莫談他短하고 戒心莫自貪嗔하고 戒身莫隨惡伴하고
무익지언 막망설 불간기사 막망위 존군왕효부모
無益之言을 莫妄說하고 不干己事를 莫妄爲하고 尊君王孝父母하며
경존장봉유덕 별현우서무식 물순래이물거 물기거이물추
敬尊長奉有德하고 別賢愚恕無識하고 物順來而勿拒하며 物旣去而勿追하고
신미우이물망 사이과이물사 총명 다암매 산계 실편의
身未遇而勿望하며 事已過而勿思하라 聰明도 多暗昧요 算計도 失便宜니라
손인종자실 의세화상수
損人終自失이요 依勢禍相隨라
계지재심 수지재기 위불절이망가 인불렴이실위
戒之在心하고 守之在氣라 爲不節而亡家하고 因不廉而失位니라
권군자경어평생 가탄가경이가외 상임지이천감 하찰지이지기
勸君自警於平生하나니 可歎可驚而可畏니라 上臨之以天鑑하고 下察之以地祇라
명유왕법상계 암유귀신상수 유정가수 심불가기 계지계지
明有王法相繼하고 暗有鬼神相隨라 惟正可守요 心不可欺니 戒之戒之하라.

자허원군의《성유심문》에서 말하였다. 복은 검소하고 맑은 데서 생기고, 덕은 겸손하고 사양하는 데서 생기며, 도는 편안하고 고요한 데서 생기고, 생명은 화창한 데서 생긴다. 근심은 욕심이 많은 데서 생기고, 재앙은 탐욕이 많은 데서 생기며, 과실은 경솔하고 교만한 데서 생기고, 죄악은 어질지 못한 데서 생긴다. 눈을 경계하여 다른 사람의 그릇됨을 보지 말고, 입을 경계하여 다른 이의 결점을 말하지 말고, 마음을 경계하여 탐내고 성내지 말며, 몸을 경계하여 나쁜 벗을 따르지 말라. 유익하지 않은 말은 함부로 하지 말고, 내게 관계없는 일은 함부로 하지 말라. 임금을 높여 공경하고, 부모에게 효도하여 웃어른을 삼가 존경하고, 덕이 있는 이를 받들며 어질고 어리석은 것을 분별하고, 무식한 자를 꾸짖지 말고 용서하라. 물건이 순리대로 오거든 물리치지 말고, 이미 지나갔거든 좇지 말며, 몸이 불우하게 되어도 바라지 말고, 일이 이미 지나갔거든 생각하지 말라. 총명한 사람도 어두운 때가 많고 계획을 치밀하게 세워 놓았어도

편리함을 잃는 수가 있다. 남을 손상케 하면 마침내 자기도 손실을 입을 것이요, 세력에 의존하면 재앙이 따른다. 경계하는 것은 마음에 있고 지키는 것은 기운에 있다. 절약하지 않음으로써 집을 망치고, 청렴하지 않음으로써 지위를 잃는다. 그대에게 평생을 두고 스스로 경계할 것을 권고하니 참으로 놀랍게 여겨 잘 생각하라. 위에는 하늘의 거울이 굽어보고 있고, 아래에는 땅의 신령이 살피고 있다. 밝은 곳에는 왕법이 이어 있고 어두운 곳에는 귀신이 따르고 있다. 오직 바른 것을 지키고 마음을 속이지 말 일이니 경계하고 또 경계하라.

明心寶鑑

안분편 安分編

자신의 분수를 지켜
편안한 마음을 가지라는 내용들이 실려 있다.

경행록 운 지족가락 무탐칙우
景行錄 云 知足可樂이요 務貪則憂니라.

《경행록》에서 말하였다. 넉넉함을 알면 즐거울 것이요, 탐하기를 힘쓰면 근심이 끊이지 않을 것이다.

지족자 빈천역락 부지족자 부귀역우
知足者는 貧賤亦樂이오 不知足者는 富貴亦憂니라.

만족함을 아는 사람은 가난하고 천하여도 즐거울 것이요, 만족함을 모르는 사람은 부하고 귀하여도 근심할 것이다.

남상 도상신 망동 반치화
濫想은 徒傷神이오 妄動은 反致禍니라.

분수에 넘치는 생각은 몸을 상하게 할 뿐이요, 허망한 행동은 재앙만 불러일으킨다.

지족상족　종신불욕　지지상지　종신무치
知足常足이면 終身不辱하고 知止常止면 終身無恥니라.

만족함을 알아 늘 넉넉하면 평생 욕됨을 당하지 않을 것이요, 그칠 줄을 알아 늘 그치면 평생 부끄러움을 당하지 않을 것이다.

서왈 만초손　겸수익
書曰 滿招損하고 謙受益이니라.

《서경》에서 말하였다. 가득 차면 손해를 부르고 겸손하면 이익을 얻는다.

격양시왈 안분신무욕　지기심자한　수거인세상　각시출인간
擊壤詩曰 安分身無辱이오 知機心自閑이니 雖居人世上이나 却是出人間이니라.

《격양시》에서 말하였다. 편안한 마음으로 분수를 지키면 몸에 욕됨이 없을 것이요, 세상 돌아가는 형편을 잘 알면 마음이 저절로 한가해질 것이니, 이는 비록 인간 세상에 살더라도 인간 세상에서 벗어나 있는 것과 같다.

항상 자신의 본심을
잃지 말라는 뜻의 글이 실려 있다.

경행록 운 좌밀실 여통구 어촌심 여육마가면과
景行錄 云 坐密室을 如通衢하고 馭寸心을 如六馬可免過니라.

《경행록》에서 말하였다. 밀실에 앉아 있어도 마치 (사람이 많이 왕래하는) 네거리에 앉아 있는 것처럼 하고, 작은 마음을 제어하기를 마치 여섯 필의 말을 부리듯 하면 허물을 면할 수가 있을 것이다.

격양시 운 부귀 여장지력구 중니 연소합봉후
擊壤詩 云 富貴를 如將智力求인대 仲尼도 年少合封侯라
세인 불해청천의 공사신심반야수
世人은 不解青天意하고 空使身心半夜愁이니라.

《격양시》에서 말하였다. 만약 부귀를 지혜와 힘으로 구할 수 있다면 중니(공자)는 젊은 나이에 당연히 제후에 봉해졌을 것이다. 세상 사람들은 저 푸른 하늘의 뜻을 알지 못하고 헛되이 몸과 마음으로 하여금 한밤중에 근심하도록 만드는구나.

범충선공 계자제왈 인수지우 책인칙명 수유총명 서기칙혼
范忠宣公이 戒子弟曰 人雖至愚나 責人則明하고 雖有聰明이나 恕己則昏이니

이조 단당이책인지심 책기 서기지심
爾曹는 但當以責人之心으로 責己하고 恕己之心으로

서인칙불환부도성현지위야
恕人則不患不到聖賢地位也이니라.

범충선공이 자녀들을 경계하여 말하였다. 자신은 비록 지극히 어리석을지라도 남을 책하는 데는 밝고, 비록 총명이 있다 해도 자기를 용서하는 데는 어둡다. 너희들은 마땅히 남을 책하는 마음으로써 자기를 책하고, 자기를 용서하는 마음으로써 남을 용서한다면 성현의 경지에 이르지 못할까 봐 걱정할 필요가 없다.

자왈 총명사예 수지이우 공피천하 수지이양
子曰 聰明思睿라도 守之以遇하고 功被天下라도 守之以讓하고

용력진세 수지이겁 부유사해 수지이겸
勇力振世라도 守之以怯하고 富有四海라도 守之以謙이니라.

공자가 말하였다. 총명하고 생각이 뛰어나더라도 어리석은 척해야 하고, 공이 천하를 덮을 만하더라도 겸양해야 하며, 용맹을 세상에 떨칠지라도 늘 조심해야 하고, 부유하기가 사해를 소유했다 하더라도 겸손해야 한다.

소서 운 박시후망자 불보 귀이망천자 불구
素書 云 薄施厚望者는 不報하고 貴而忘賤者는 不久니라.

《소서》에서 말하였다. 박하게 베풀고 후한 것을 바라는 자에게는 보답이 없고, 몸이 귀하게 되고 나서 천했던 때를 잊는 자는 결코 오래 가지 못하리라.

시은물구보 여인물추회
施恩勿求報하고 與人勿追悔하라.

은혜를 베풀거든 그 보답을 구하지 말고, 남에게 주었거든 후에 뉘우치지 말라.

손사막왈 담욕대이심욕소 지욕원이 행욕방
孫思邈曰 膽欲大而心欲小하고 知欲圓而 行欲方이니라.

손사막이 말하였다. 담력은 크게 가지도록 하되 마음가짐은 섬세해야 하고, 지혜는 원만하도록 하되 행동은 바르게 해야 한다.

염 염 요 여 임 전 일　　심 심 상 사 과 교 시
念念要如臨戰日하고 心心常似過橋時니라.

생각은 항상 싸움터에 나아갔을 때와 같이 하고, 마음은 언제나 다리를 건너는 때와 같이 조심해야 한다.

구 법 조 조 락　　기 공 일 일 우
懼法朝朝樂이오 欺公日日憂니라.

법을 두려워하면 언제나 즐거울 것이요, 나랏일을 속이면 날마다 근심이 된다.

주 문 공 왈　수 구 여 병　　방 의 여 성
朱文公曰 守口如瓶하고 防意如城하라.

주문공이 말하였다. 입을 지키는 것은 병과 같이 하고, 탐욕스런 뜻을 막기를 성을 지키는 것처럼 하라. (말을 조심하고, 탐욕의 마음을 굳게 지켜라)

심 불 부 인　　면 무 참 색
心不負人이면 面無慙色이니라.

마음속으로 남에게 꿀리는 일이 없으면 얼굴에 부끄러운 기색이 나타나지 않는다.

인 무 백 세 인　　왕 작 천 년 계
人無百歲人이나 枉作千年計니라.

백 살을 사는 사람이 없건만, 사람들은 부질없이 천 년의 계획을 세운다.

구 래 공 육 회 명　운　관 행 사　곡 실 시 회　　부 불 검 용 빈 시 회　　예 불 소 학 과 시 회
寇萊公六悔銘 云 官行私 曲失時悔요 富不儉用貧時悔요 藝不少學過時悔요
견 사 불 학 용 시 회　　취 후 광 언 성 시 회　　안 부 장 식 병 시 회
見事不學用時悔요 醉後狂言醒時悔요 安不將息病時悔니라.

구래공이 《육회명》에서 말하였다. 벼슬아치가 사사로운 일을 행하면 벼슬을 잃을 때 뉘우치게 되고, 돈이 많을 때 아껴 쓰지 않으면 가난해졌을 때 뉘우치게 되며, 재주를 믿고 어렸을 때 배우지 않으면 시기가 지났을 때 뉘우치게 되고, 사물을 보고 배우지 않으면 필요하게 되었을 때 뉘우치게 된다. 취한 상태에서 함부로 말하면 술이 깨었을 때 뉘우치게 되고, 몸이 건강했을 때 조심하지 않으면 병이 들었을 때 뉘우치게 된다.

익지서 운 영무사이가빈 막유사이가부 영무사이주모옥
益智書에 云 寧無事而家貧이언정 莫有事而家富요 寧無事而住茅屋이어정
불유사이주금옥 영무병이식추반 불유병이복양약
不有事而住金屋이요 寧無病而食麤飯이언정 不有病而服良藥이니라.

《익지서》에서 말하였다. 차라리 아무 사고 없이 집이 가난할지언정 사고를 쳐서 부자가 되지 말 것이요, 차라리 아무 사고 없이 나쁜 집에서 살지언정 사고를 쳐서 좋은 집에서 살지 말라. 차라리 병이 없이 거친 밥을 먹을지언정 병이 있은 다음에 좋은 약을 먹지 말라.

심안모옥온 성정채갱향
心安茅屋穩이오 性定菜羹香이니라.

마음이 편안하면 이엉이나 띠로 지붕을 이은 집도 안온하고, 성품이 안정되면 나물국도 향기롭다.

경행록 운 책인자 부전교 자서자 불개과
景行錄 云 責人者는 不全交요 自恕者는 不改過니라.

《경행록》에서 말하였다. 남을 꾸짖기만 하는 자는 온전히 사귈 수 없고, 자기를 용서하기만 하는 자는 허물을 고칠 수가 없다.

숙흥야매 소사충효자 인부지 천필지지
夙興夜寐하여 所思忠孝者는 人不知나 天必知之요
포식난의 이연자위자 신수안 기여자손 하
飽食煖衣하여 怡然自衛者는 身雖安이나 其如子孫에 何오.

아침에 일어나서부터 밤이 깊어 잠들 때까지 늘 충효만을 생각하는 자는 설사 사람들이 알아주지 않더라도 하늘이 반드시 알 것이요, 배불리 먹고 따뜻하게 입고서 안락하게 제 몸만 보호하는 자는 비록 몸은 편안하나 그 자손에게는 어찌할 것인가?

이애처자지심 사친칙곡진기효 이보부귀지심 봉군칙무왕불충
以愛妻子之心으로 事親則曲盡其孝오 以保富貴之心으로 奉君則無往不忠이오
이책인지심 책기칙과과 이서기지심 서인칙전교
以責人之心으로 責己則寡過요 以恕己之心으로 恕人則全交니라.

아내와 자식을 사랑하는 마음으로써 어버이를 섬긴다면 효도를 극진히 할 수 있을 것이요, 부귀를 보전하려는 마음으로써 임금을 받든다면 그 어느 때나 충

성스럽지 않을 수 없을 것이다. 남을 책망하는 마음으로써 자기를 책망한다면 허물이 적을 것이요, 자기를 용서하는 마음으로써 남을 용서한다면 온전히 사귈 수가 있을 것이다.

이모부장 회지하급 이견부장 교지하익
爾謀不藏이면 悔之何及이며 爾見不長이면 敎之何益이리오
이심전심칙배도 사의확칙멸공
利心專心則背道요 私意確則滅公이니라.

네 도모함이 어질지 못하면 일을 그르친 뒤에 후회해도 소용없고, 네 소견이 훌륭하지 못하면 가르친들 무엇이 이롭겠는가. 자기 이익만 생각하면 도에 어그러지고, 사사로운 뜻이 굳으면 공적인 일을 망치게 된다.

생사사생 생사사생
生事事生이오 省事事省이니라.

일을 만들면 일이 생기고, 일을 덜면 일이 줄어든다. (부질없는 일을 해서 공연히 심신을 괴롭히지 말라.)

明心寶鑑

계성편 戒性篇

자신의 성품을 잘 다스려야 한다는 내용의 글들이 담겨 있다.

景行錄 云 人性이 如水하야 水一傾則不可復이오 性一終則不可反이니 制水者는 必以提防하고 制性者는 必以禮法이니라.

《경행록》에서 말하였다. 사람의 성품은 물과 같아서 물이 한 번 기울어지면 돌이킬 수 없듯이 성품이 한 번 방종해지면 바로 잡을 수 없으니, 물을 제어하려면 제방을 쌓아 제어하고 성품을 옳게 하려면 예법을 지켜 바로 잡아라.

忍一時之忿이면 免百日之憂이니라.

한때의 분한 것을 참으면 백 일의 근심을 면할 수 있다.

得忍且忍이오 得戒且戒하라 不忍不戒면 小事成大니라.

참고 또 참으며 경계하고 또 경계하라. 참지 못하고 경계하지 않으면 작은 일이 크게 된다.

우탁생진노 개인리불통 휴첨심상화 지작이변풍 장단 가가유
愚濁生嗔怒는 皆因理不通이라 休添心上火하고 只作耳邊風하라 長短은 家家有요
염량 처처동 시비무상실 구경총성공
炎涼은 處處同이라 是非無相實하여 究竟摠成空이니라.

어리석고 똑똑하지 못한 자가 성을 내는 것은 이치를 알지 못하기 때문이다. 마음 위에 화를 더하지 말고 다만 귓전을 스치는 바람결로 여겨라. 잘하고 잘못함은 집집마다 있는 법이요, 따뜻하고 싸늘함은 곳곳이 다 마찬가지이다. 옳고 그름이란 본래 실상이 없는 것이어서 마침내는 모두가 부질없는 것이 되고 만다.

자장 욕행 사어부자 원사일언 위수신지미
子張이 欲行에 辭於夫子할새 願賜一言이 爲修身之美하노이다
자왈 백행지본 인지위상 자장왈 하위인지
子曰 百行之本이 忍之爲上이니라 子張曰 何爲忍之닛고
자왈 천자인지 국무해 제후인지 성기대 관리인지 진기위
子曰 天子忍之면 國無害하고 諸侯忍之면 成其大하고 官吏忍之면 進其位하고
형제인지 가부귀 부처인지 종기세 붕우인지 명불폐
兄弟忍之면 家富貴하고 夫妻忍之면 終其世하고 朋友忍之면 名不廢하고
자신인지 무화해
自身忍之면 無禍害니라.

자장이 길을 떠나고자 공자께 하직을 고하면서 물었다. "몸을 닦는 가장 근본은 참는 것이 가장 으뜸이다." 자장이 다시 물었다. "참으면 어떻게 됩니까?" 공자가 다시 대답했다. "천자가 참으면 나라에 해가 없고, 제후가 참으면 큰 나라를 이룩하고, 벼슬아치가 참으면 그 지위가 올라가고, 형제가 참으면 집안이 부귀해지고, 부부가 참으면 일생을 해로할 수 있으며, 친구끼리 참으면 이름이 깎이지 않고, 자신이 참으면 재앙이 없게 된다."

자장왈 불인칙여하 자왈 천자불인 국공허
子張曰 不忍則如何닛고 子曰 天子不忍이면 國空虛하고
제후불인 상기구 관리불인 형법주
諸侯不忍이면 喪其軀하고 官吏不忍이면 刑法誅하고
형제불인 각분거 부처불인 영자고
兄弟不忍이면 各分居하고 夫妻不忍이면 令子孤하고
붕우불인 정의소 자신 불인 환부제
朋友不忍이면 情意疎하고 自身이 不忍이면 患不除니라
자장왈 선재선재 난인난인 비인불인 불인비인
子張曰 善哉善哉라 難忍難忍이여 非人不忍이요 不忍非人이로다.

자장이 또 물었다. "참지 않으면 어떻게 됩니까?" 공자가 대답했다. "천자가 참지 않으면 나라가 공허하게 되고, 제후가 참지 않으면 그 몸을 잃어버리고,

벼슬아치가 참지 않으면 형법에 의하여 죽게 되고, 형제가 참지 않으면 각각 헤어져서 따로 살게 되고, 부부가 참지 않으면 자식을 외롭게 하게 되고, 친구끼리 참지 않으면 정과 뜻이 서로 갈리고, 자신이 참지 않으면 근심이 덜어지지 않는다." 이에 자장이 말하였다. "참으로 훌륭하고 좋은 말씀이로다. 아아, 참는 것은 참으로 어렵구나. 사람이 아니면 참지 못할 것이요, 참지 못한다면 사람이 아니로구나."

경행록 운 굴기자 능처중 호승자 필우적
景行錄 云 屈己者는 能處重하고 好勝者는 必遇敵이니라.

《경행록》에서 말하였다. 자기를 굽혀 양보하는 자는 능히 중요한 지위에 있게 될 것이요, 이기기를 좋아하는 자는 반드시 적을 만나게 된다.

악인 매선인 선인 총부대 부대 심청한 매자 구열비
惡人이 罵善人커든 善人은 摠不對하라 不對는 心淸閑이오 罵者는 口熱沸니라
정여인타천 환종기신추
正如人唾天하여 還從己身墜니라.

악한 자가 착한 자를 꾸짖거든 착한 이는 대꾸하지 말라. 대꾸하지 않는 자는 마음이 맑고 한가하나, 꾸짖는 자는 입에 불이 붙는 것처럼 끓어오를 것이다. 이는 마치 사람이 하늘에다 대고 침을 뱉는 것과 같아서 그것이 도로 제 몸에 떨어진다.

아약피인매 양롱불분설 비여화소공 불구자연멸
我若被人罵라도 佯聾不分說하라 譬如火燒空하여 不救自然滅이라
아심 등허공 총이번순설
我心은 等虛空이어늘 摠爾飜脣舌이니라.

내가 만약 남에게 욕설을 듣더라도 귀먹은 체하고 말대꾸를 하지 말라. 비유하건대 불이 허공에서 타다가 끄지 않아도 저절로 꺼지는 것과 같아서, 내 마음은 허공처럼 아무렇지도 않은데 그의 입술과 혀만 놀려질 뿐이다.

범사 유인정 후래 호상견
凡事에 留人情이면 後來에 好相見이니라.

모든 일에 인자하고 따뜻한 정을 남겨 두면 훗날 만났을 때 좋은 낯으로 보게 된다.

明心寶鑑

근학편 勤學篇

**학문의 중요성을 강조하고
늘 공부에 힘쓸 것을 권장하는 장이다.**

자왈 박학이독지 절문이근사 인재기중의
子曰 博學而篤志하고 切問而近思면 仁在其中矣니라.

공자가 말하였다. 널리 배워서 뜻을 두텁게 하고, 간절하게 묻고 생각하면 인(어짊)이 바로 그 안에 있다.

장자왈 인지불학 여등천이무술
莊子曰 人之不學은 如登天而無術하고
학이지원 여피상운이도청천 등고산이망사해
學而智遠이면 如披祥雲而覩青天하고 登高山而望四海니라.

장자가 말하였다. 사람이 배우지 않으면 재주도 없이 하늘에 오르려는 것과 같고, 배워서 지혜가 깊어지면 상서로운 구름을 헤치고 푸른 하늘을 보며 산에 올라 온 세상을 바라보는 것과 같다.

예기왈 옥불탁 불성기 인불학 부지의
禮記 曰 玉不琢이면 不成器하고 人不學이면 不知義니라.

《예기》에서 말하였다. 옥은 다듬지 않으면 그릇이 되지 못하고, 사람은 배우지 않으면 옳은 것을 알지 못한다.

태 공 왈 인 생 불 학 여 명 명 야 행
太公曰 人生不學이면 如冥冥夜行이니라.

태공이 말하였다. 사람이 배우지 않으면 마치 어두운 밤길을 가는 것과 같다.

한 문 공 왈 인 불 통 고 금 마 우 이 금 거
韓文公曰 人不通古今이면 馬牛而襟裾니라.

한문공이 말하였다. 사람이 옛 성인의 가르침을 알지 못하면 금수에게 옷을 입힌 것과 같다.

주 문 공 왈 가 약 빈 불 가 인 빈 이 폐 학 가 약 부 불 가 시 부 이 태 학
朱文公曰 家若貧이라도 不可因貧而廢學이요 家若富이라도 不可恃富而怠學이니
빈 약 근 학 가 이 입 신 부 약 근 학 명 내 광 영
貧若勤學이면 可以立身이요 富若勤學이면 名乃光榮하리니.
유 견 학 자 현 달 불 견 학 자 무 성 학 자 내 신 지 보 학 자 내 세 지 진
惟見學者顯達이요 不見學者無成이니라 學者는 乃身之寶요 學者는 乃世之珍이니라.
시 고 학 칙 내 위 군 자 불 학 칙 위 소 인 후 지 학 자 의 각 면 지
是故로 學則乃爲君子요 不學則爲小人이니 後之學者는 宜各勉之니라.

주문공이 말하였다. 만약 집이 가난하더라도 가난으로 인하여 배우는 것을 그만두지 말 것이요. 만약 집이 부유하더라도 부유한 것을 믿고 학문을 게을리해서는 안 된다. 만약 가난한 자가 부지런히 배운다면 몸을 세울 수 있을 것이요, 만약 부유한 자가 부지런히 배운다면 이름이 더욱 빛날 것이다. 오로지 배운 자만이 훌륭해지는 것을 보았으며, 배운 사람이 성취하지 못하는 것을 본 적이 없다. 배움이란 곧 자신의 보배요, 배운 사람은 곧 세상의 보배이다. 그러므로 배우면 군자가 되고, 배우지 않으면 천한 소인이 될 것이니, 앞으로 배울 사람들은 마땅히 힘써 공부해야 한다.

휘종황제왈 학자 여화여도 불학자 여호여초
徽宗皇帝曰 學子는 如禾如稻하고 不學者는 如蒿如草로다.
여화여도혜 국지정량 세지대보
如禾如稻兮여 國之精糧이요 世之大寶로다.
여호여초혜 경자예협 서자번뇌 타일면장 회지이노
如蒿如草兮여 耕者禮嫌하고 鋤者煩惱니라 他日面墻에 悔之已老로다.

휘종황제가 말하였다. 배운 사람은 벼이삭 같고, 배우지 않은 사람은 쑥풀 같다. 아아, 벼이삭 같음이여, 나라의 좋은 양식이요 온 세상의 보배로구나. 그러나 쑥풀 같음이여, 밭가는 이도 보기 싫어하고 김매는 이도 귀찮아하는구나. 뒷날 담을 마주한 듯한 답답함에 뉘우치지만 이미 때는 늦었구나.

논어왈 학여불급 유공실지
論語曰 學如不及이요 猶恐失之니라.

《논어》에서 말하였다. 배울 때는 늘 모자라는 듯이 하고, 배운 것은 잊지 말라.

훈자편 訓子篇

자녀 교육에 관한 글들을 담고 있다.

경행록 운 빈객불래문호속 시서무교자손우
景行錄 云 賓客不來門戶俗하고 詩書無敎子孫愚니라.

《경행록》에서 말하였다. 손님의 출입이 없으면 집안이 저속해지고, 시서(詩書)를 가르치지 않으면 자손이 어리석어진다.

장자왈 사수소 부작 불성 자수현 불교 불명
莊子曰 事雖小나 不作이면 不成이오 子雖賢이나 不敎면 不明이니라.

장자가 말하였다. 일이 비록 작더라도 하지 않으면 이루지 못할 것이요. 자식이 비록 뛰어나더라도 가르치지 않으면 현명해지지 못한다.

한서 운 황금만영 불여교자일경 사자천금 불여교자일예
漢書 云 黃金滿籯이 不如敎子一經이요 賜子千金이 不如敎子一藝니라.

《한서》에서 말하였다. 황금이 상자에 가득 차 있다 해도 자식에게 경서 하나를 가르치는 것보다 못하고, 자식에게 천금을 물려준다 해도 기술 한 가지를 가르치는 것보다 못하다.

지락 막여독서 지요 막여교자
至樂은 莫如讀書요 至要는 莫如敎子니라.

아주 큰 즐거움 중에 책 읽는 것만한 게 없고, 가장 필요한 것 중에 자식을 가르치는 것만한 게 없다.

여영공왈 내무현부형 외무엄사우이능유성자 선의
呂滎公曰 內無賢父兄하고 外無嚴師友而能有成者가 鮮矣니라.

여영공이 말하였다. 집안에 지혜로운 어버이와 형이 없고, 밖으로 엄한 스승과 벗이 없으면 성공하는 자가 드물다.

태공왈 남자실교 장필완우 여자실교 장필추소
太公曰 男子失敎면 長必頑愚하고 女子失敎면 長必麤疎니라.

태공이 말하였다. 남자가 가르침을 받지 못하면 자라서 반드시 미련하고 어리석어지며, 여자가 가르침을 받지 못하면 자라서 반드시 거칠고 추하게 된다.

남년장대 막습악주 여년장대 막령유주
男年長大어든 莫習樂酒하고 女年長大어든 莫令遊走니라.

사내아이가 장성해 가거든 풍류나 술을 익히지 못하도록 하고, 계집아이가 장성해 가거든 놀러 다니지 못하게 하라.

엄부 출효자 엄모 출효녀
嚴父는 出孝子하고 嚴母는 出孝女니라.

엄한 아버지는 효자를 길러 내고, 엄한 어머니는 효녀를 길러 낸다.

연아 다여봉 증아 다여식
憐兒어든 多與棒하고 憎兒어든 多與食하라.

아이를 사랑하거든 매를 많이 때리고, 아이를 미워하거든 먹을 것을 많이 주어라.

인개애주옥 아애자손현
人皆愛珠玉이나 我愛子孫賢이니라.

세상 사람들은 모두 주옥을 사랑하지만, 나는 자손의 어진 것을 사랑한다.

明心寶鑑

성심편 省心篇

**마음을 성찰하는 내용과
그 방법에 관하여 다양한 글들이 실려 있다.**

경행록 운 보화 용지유진 충효 향지무궁
景行錄 云 寶貨는 用之有盡이요 忠孝는 享之無窮이니라.

《경행록》에서 말하였다. 보화는 쓰면 다함이 있고 충성과 효성은 누려도 다함이 없다.

가화빈야호 불의부여하 단존일자효 하용자손다
家和貧也好어니와 不義富如何오 但存一子孝면 何用子孫多리오.

집안이 화목하면 가난해도 좋지만 의롭지 않다면 부자인들 무엇하겠는가. 효도하는 자식이 하나라도 있다면 자손이 많아서 무엇하겠는가.

부불우심인자효 부무번뇌시처현 언다어실개인주 의단친소지위전
父不憂心因子孝요 夫無煩惱是妻賢이라 言多語失皆因酒요 義斷親疎只爲錢이라.

아버지가 근심하지 않음은 자식이 효도하기 때문이요, 남편이 번뇌가 없는 것은 아내가 어질기 때문이다. 말이 많아 실수함은 술 때문이요, 의가 끊어지고 친함이 갈라지는 것은 오로지 돈 때문이다.

기 취 비 상 락　　수 방 불 측 우
旣取非常樂이어든 須防不測憂니라.

이미 떳떳하지 못한 즐거움을 가지고 있다면, 앞으로 예측할 수 없는 근심을 방비해야 한다.

득 총 사 욕　　거 안 려 위
得寵思辱하고 居安慮危니라.

사랑을 받고 있거든 욕됨을 염두에 두고, 편안한 곳에 살고 있거든 위태로움을 염두에 두어라.

영 경 욕 천　　이 중 해 심
榮輕辱淺하고 利重害深이니라.

영화로움이 가벼울수록 욕됨도 얕고, 이로움이 무거울수록 해로움도 깊다.

심 애 필 심 비　심 예 필 심 훼　심 희 필 심 우　심 장 필 심 망
甚愛必甚費요 甚譽必甚毁요 甚喜必甚憂요 甚贓必甚亡이니라.

사랑함이 심하면 반드시 심한 소모를 가져오고, 영예로움이 심하면 반드시 심한 헐뜯음을 가져온다. 기뻐함이 심하면 반드시 심한 근심을 가져오고, 뇌물을 심하게 탐하면 반드시 망하게 된다.

자 왈　불 관 고 애　　하 이 지 전 추 지 환　　불 림 심 천　　하 이 지 몰 익 지 환
子曰 不觀高崖면 何以知顚墜之患이며 不臨深泉이면 何以知沒溺之患이며
불 관 거 해　　하 이 지 풍 파 지 환
不觀巨海면 何以知風波之患이리오.

공자가 말하였다. 높은 낭떠러지를 보지 않으면 어찌 굴러 떨어지는 환란을 알 것이고, 깊은 샘에 가지 않으면 어찌 빠져 죽을 환란을 알 것이며, 큰 바다를 보지 않으면 어찌 풍파의 환란을 알 것인가.

욕 지 미 래　　선 찰 이 연
欲知未來인대 先察已然이니라.

미래를 알려거든 먼저 지나간 일을 살펴보라.

자왈 명경 소이찰형 왕자 소이지금
子曰 明鏡은 所以察形이오 往者는 所以知今이니라.

공자가 말하였다. 밝은 거울은 얼굴을 살피 수 있고, 지나간 일은 현재를 알게 한다.

과거사 여명경 미래사 암사칠
過去事는 如明鏡이요 未來事는 暗似漆이니라.

지나간 일은 밝기가 거울 같고, 미래의 일은 어둡기가 칠흑과 같다.

경행록 운 명조지사 박모 불가필 박모지사 포시 불가필
景行錄 云 明朝之事를 薄暮에 不可必이요 薄暮之事를 哺時에 不可必이니라.

《경행록》에서 말하였다. 내일 아침의 일을 저녁때에 꼭 알 수는 없을 것이요, 오늘 저녁때의 일을 오후 네 시쯤에 꼭 알 수는 없을 것이다.

천유부측풍우 인유조석화복
天有不測風雨하고 人有朝夕禍福이니라.

하늘에는 예측할 수 없는 비바람이 있고, 사람은 아침저녁으로 화와 복이 있다.

미귀삼척토 난보백년신 이귀삼척도 난보백년분
未歸三尺土하야 難保百年身이요 已歸三尺土하야 難保百年墳이니라.

석 자 되는 땅속으로 돌아가지 않고서는 백 년의 몸을 보전하기 어렵고, 이미 석 자 되는 땅속으로 돌아가서는 백 년 동안 무덤을 보전하기 어렵다.

경행록 운 목유소양칙근본고이지엽무 동량지재성
景行錄 云 木有所養則根本固而枝葉茂하야 棟樑之材成하고
수유소양칙천원장이유파장 관개지이박
水有所養則泉源壯而流派長하야 灌漑之利博하고
인유소양칙지기대이식견명 충의지사출 가부양재
人有所養則志氣大而識見明하야 忠義之士出이니 可不養哉아.

《경행록》에서 말하였다. 나무를 잘 기르면 뿌리가 튼튼하고 가지와 잎이 무성해서 동량의 재목을 이루고, 수원(수원)을 잘 만들어 놓으면 근원이 풍부하고 흐름이 길어서 관개의 이로움이 널리 베풀어지며, 사람을 잘 기르면 뜻과 기상이 뛰어나고 식견이 밝아져서 충의의 선비가 나온다. 그러니 어찌 기르지 않을 것인가.

자신자 인역신지 오월 개형제 자의자 인역의지 신외개적국
自信者는 人亦信之하나니 吳越이 皆兄弟요 自疑者는 人亦疑之하나니 身外皆敵國이니라.

스스로 믿는 자는 남도 또한 자기를 믿어서 오나라와 월나라 같은 견원(犬猿) 사이라도 형제와 같이 될 수 있고, 스스로를 믿지 못하는 자는 남도 또한 자기를 의심하여 자기 몸뚱이 하나 말고는 모두 원수가 된다.

의인막용 용인물의
疑人莫用하고 用人勿疑니라.

사람을 의심하거든 쓰지 말고, 사람을 쓰거든 의심하지 말라.

풍간 운 수저어천변안 고가사혜저가조
諷諫 云 水底魚天邊雁은 高可射兮低可釣어니와
유유인심지척간 지척인심불가요
惟有人心咫尺間에 咫尺人心不可料니라.

《풍간》에서 말하였다. 물속의 고기는 깊이 잠겨 있어도 잡을 수 있고 하늘을 날아가는 기러기는 아무리 높아도 쏘아 잡을 수 있지만, 사람의 마음은 지척에 있음에도 헤아릴 수가 없다.

화호화피난화골 지인지면부지심
畫虎畫皮難畫骨이요 知人知面不知心이니라.

범을 그리되 겉모양은 그릴 수 있으나 뼈는 그리기가 어렵고, 사람을 알되 얼굴은 알지만 그 마음은 알 수가 없다.

대면공화 심격천산
對面共話하되 心隔千山이니라.

얼굴을 맞대고 서로 이야기는 하지만, 마음은 천산(千山)을 격해 있는 것처럼 떨어져 있다.

해고종견저 인사부지심
海枯終見底나 人死不知心이니라.

바다는 마르면 마침내 바닥을 볼 수 있으나, 사람은 죽어도 그 마음을 알지 못한다.

태공왈 범인 불가역상 해수 불가두량
太公曰 凡人은 不可逆相이요 海水는 不可斗量이니라.

태공이 말하였다. 무릇 사람은 앞질러 운명을 점칠 수 없고, 바닷물은 가히 말(斗)로 헤아릴 수 없다.

경행록 운 결원어인 위지종화 사선불위 위지자적
景行錄 云 結怨於人은 謂之種禍요 捨善不爲는 謂之自賊이라.

《경행록》에서 말하였다. 남과 원수를 맺는 것을 재앙의 씨앗을 심는 것이고, 착한 것을 버리고 행하지 않는 것은 스스로 도적이 되는 것이다.

약청일면설 편견상이별
若聽一面說이면 便見相離別이니라.

만약 한쪽의 말만 들으면 어느 사이엔가 서로 친한 사이가 멀어져 있을 것이다.

포난 사음욕 기한 발도심
飽煖엔 思淫慾하고 飢寒엔 發道心이니라.

배부르고 따뜻한 곳에서 호강하면서 살면 음욕이 생기고, 굶주리고 추운 곳에서 고생하면서 살면 도심(道心)이 싹튼다.

소광왈 현인다재칙손기지 우인다재칙익기과
疏廣曰 賢人多財則損其志하고 愚人多財則益其過니라.

소광이 말하였다. 어진 사람이 재물이 많으면 자신의 뜻을 손상하고, 어리석은 사람이 재물이 많으면 허물만 더하게 된다.

인빈지단 복지심령
人貧智短하고 福至心靈이니라.

사람이 가난하면 지혜가 짧아지고, 행운이 닥치면 마음이 지혜로워진다.

불경일사 부장일지
不經一事면 不長一智니라.

한 가지 일을 경험하지 않으면 한 가지 지혜가 자라지 않는다.

시비종일유 불청자연무
是非終日有라도 不聽自然無니라.

시비가 종일토록 있을지라도 듣지 않으면 저절로 없어진다.

내설시비자 변시시비인
來說是非者는 便是是非人이니라.

와서 시비를 말하는 자는 곧 시비를 좋아하는 사람이다.

격양시 운 평생 부작추미사 세상 응무절치인
擊壤詩에 云 平生에 不作皺眉事하면 世上에 應無切齒人이니
대명 기유전완석 노상행인 구승비
大名을 豈有鐫頑石가 路上行人이 口勝碑니라.

《경행록》에서 말하였다. 평생 동안 눈썹 찡그릴 일을 하지 않으면 세상에 이를 갈 원수 같은 사람은 없을 것이다. 위대한 명성이 어찌 비석 같은 하찮은 돌에다 이름을 새기는 데 있겠는가. 그보다는 행인들의 칭찬하는 입이 비석보다 나을 것이다.

유사자연향 하필당풍립
有麝自然香이니 何必當風立고.

사향을 지녔으면 저절로 향기로운데, 어찌 바람이 불어야만 향기가 나겠는가.

유복막향진 복진신빈궁 유세막사진 세진원상봉
有福莫享盡하라 福盡身貧窮이요 有勢莫使盡하라 勢盡冤相逢이니라
복혜상자석 세혜상자공 인생교여치 유시다무종
福兮常自惜하고 勢兮常自恭하라 人生驕與侈는 有始多無終이니라.

복이 있다 해도 다 누리지 말라. 복이 다하면 몸이 빈궁해질 것이요, 권세가 있다 해도 함부로 부리지 말라. 권세가 다하면 원수와 서로 만나게 된다. 복이 있거든 항상 스스로 아끼고, 권세가 있거든 항상 스스로 겸손하여라. 사람에게 있어서 교만과 사치는 처음은 있으나 나중은 없는 것이다.

왕참정사유명왈 유유여부진지교 이환조물 유유여부진지록
王參政四留銘曰 留有餘不盡之巧하야 以還造物하고 留有餘不盡之祿하야
이환조정 유유여부진지재 이환백성 유유여부진지복 이환자손
以還朝廷하고 留有餘不盡之財하야 以還百姓하고 留有餘不盡之福하야 以還子孫이니라.

왕참정의《사유명》에서 말하였다. 여유 있는 재주는 다 쓰지 말고 갖고 있다가

조물주에게 돌려주고, 여유 있는 복록은 다 쓰지 말고 갖고 있다가 조정에 돌려주고, 여유 있는 재물은 다 쓰지 않고 갖고 있다가 백성에게 돌려주며, 여유 있는 복은 다 누리지 말고 갖고 있다가 자손에게 돌려주어라.

황금천량 미위귀 득인일어 승천금
黃金千兩이 未爲貴요 得人一語 勝千金이니라.

황금 천 냥이 귀한 것이 아니다. 사람의 말 한 마디를 얻는 것이 천금보다 낫다.

교자 졸지노 고자 낙지모
巧者는 拙之奴요 苦者는 樂之母니라.

재주 있는 사람은 재주 없는 사람의 종이 되고, 괴로움은 즐거움의 근본이 된다.

소선 난감중재 심경 불의독행
小船은 難堪重載요 深逕은 不宜獨行이니라.

작은 배는 무겁게 싣는 것을 견디기 어렵고, 으슥한 길은 혼자 다니지 못한다.

황금 미시귀 안락 치전다
黃金이 未是貴요 安樂이 值錢多니라.

황금이 귀한 것이 아니요, 편안하고 즐거운 것이 더욱 값진 것이다.

재가 불회요빈객 출외 방지소주인
在家에 不會邀賓客이면 出外에 方知少主人이니라.

자기 집에서 손님을 맞아 대접할 줄 모르는 자는, 다른 집에 손님으로 가 보았을 때에야 비로소 주인의 도리가 무엇인지 알게 된다.

빈거요시무상식 부주심산유원친
貧居鬧市無相識이요 富住深山有遠親이니라.

가난하게 살면 번화한 시장에 살아도 서로 아는 사람이 없고, 넉넉하게 살면 깊은 산중에 살아도 먼 데서 찾아오는 친구가 있다.

인의 진종빈처단 세정 변향유전가
人義는 盡從貧處斷이요 世情은 便向有錢家니라.

사람의 의리는 다 가난한 데서 끊어지고, 세상의 인정은 곧 돈 있는 집으로 쏠린다.

영색무저항 난색비하횡
寧塞無底缸이언정 難塞鼻下橫이니라.

차라리 밑 빠진 항아리는 막을지언정 코 아래 가로놓인 것(입)은 막기 어렵다.

인정 개위군중소
人情은 皆爲窘中疎니라.

사람의 정분은 다 궁색한 가운데서 멀어지게 되는 것이다.

사기 왈 교천예묘 비주불향 군신붕우 비주불의
史記 曰 郊天禮廟는 非酒不享이요 君臣朋友는 非酒不義요
투쟁상화 비주불권 고 주유성패이불가범음지
鬪爭相和는 非酒不勸이라 故로 酒有成敗而不可泛飮之니라.

《사기》에서 말하였다. 하늘에 제사를 지내고 사당에 제례를 올림에도 술이 아니면 제물을 받지 않을 것이요, 임금과 신하, 벗과 벗 사이에도 술이 아니면 의리가 두터워지지 않을 것이요, 싸움을 하고 서로 화해함에도 술이 아니면 권할 것이 없을 것이다. 그러므로 술에는 성공과 실패가 있으니 함부로 과하게 마셔서는 안 될 것이다.

자왈 사지어도이치악의악식자 미족여의야
子曰 士志於道而恥惡衣惡食者는 未足與議也이니라.

공자가 말하였다. 선비가 도에 뜻을 두면서 헌옷이나 거친 음식 먹기를 부끄러워하는 자와는 더불어 의논하지 말라.

순자왈 사유투우칙현교불친 군유투신칙현인부지
荀子曰 士有妬友則賢交不親하고 君有妬臣則賢人不至니라.

순자가 말하였다. 선비에게 투기하는 벗이 있으면 어진 벗과 친할 수 없고, 임금에게 투기하는 신하가 있으면 어진 신하가 되지 못한다.

천불생무록지인 지부장무명지초
天不生無祿之人하고 地不長無名之草이니라.

하늘은 녹 없는 사람을 낳지 않고, 땅은 이름 없는 풀을 기르지 않는다.

대부 유천 소부 유근
大富는 由天하고 小富는 由勤이니라.

큰 부자는 하늘에 달려 있고, 작은 부자는 부지런함에 달려 있다.

성가지아 석분여금 패가지아 용금여분
成家之兒는 惜糞如金하고 敗家之兒는 用金如糞이니라.

집을 이룰 아이는 똥도 금처럼 아끼고, 집을 망칠 아이는 금도 똥처럼 쓴다.

강절소선생왈 한거 신물설무방 재설무방편유방
康節邵先生曰 閑居에 愼勿說無妨하라 纔說無妨便有妨이니라
상구물다능작질 쾌심사과필유앙
爽口勿多能作疾이요 快心事過必有殃이라
여기병후능복약 불약병전능자방
與其病後能服藥으론 不若病前能自防이니라.

강절소 선생이 말하였다. 편안하고 한가롭게 살 때 삼가 거리낄 것이 없다고 말하지 말라. 겨우 걱정할 것이 없다는 말이 입에 나가자마자 문득 걱정거리가 생길 것이다. 입에 상쾌한 음식이라고 해서 많이 먹으면 병을 만들 것이요, 마음에 상쾌한 일이라고 해서 지나치게 하면 반드시 재앙이 따를 것이다. 병이 난 후에 약을 먹는 것은 병이 나기 전에 스스로 조심하는 것만 못하다.

재동제군수훈왈 묘약 난의원채병 횡재 불부명궁인
梓潼帝君垂訓曰 妙藥이 難醫冤債病이요 橫財는 不富命窮人이야
생사사생 군막원 해인인해 여휴진
生事事生을 君莫怨하고 害人人害를 汝休嗔하라.
천지자연개유보 원재아손근재신
天地自然皆有報하니 遠在兒孫近在身이니라.

재동제군이 훈계를 내려 말하였다. 신묘한 약이라도 원한의 병은 고치기 어렵고, 뜻밖에 생기는 재물도 운수가 궁한 사람은 부자가 되기 어렵다. 일을 벌여놓고 나서 결과가 나쁨을 원망하지 말고, 남을 해치고 나서 남이 해치는 것을 성내지 말라. 천지간에 모든 일은 다 갚음이 있으니, 멀면 자손에게 있고 가까우면 자기 몸에 있다.

화락화개개우락 금의포의갱환착 호가미필상부귀 빈가미필장적막
花落花開開又落하고 錦衣布衣更換着이라 豪家未必常富貴요 貧家未必長寂寞이라
부인미필상청소 추인미필전구학 권군범사 막원천
扶人未必上青霄요 推人未必塡邱壑이라 勸君凡事를 莫怨天하라
천의어인 무후박
天意於人에 無厚薄이니라.

꽃은 지었다 피고, 피었다 다시 진다. 비단 옷도 다시 베옷으로 바뀌는 법이다. 넉넉하고 호화로운 집이라고 해서 반드시 항상 부귀한 것이 아니요, 가난한 집도 반드시 오래 쓸쓸하지는 않는 법이다. 사람이 밀어 올려도 반드시 하늘에 닿지는 못할 것이요, 사람을 밀어내려도 반드시 수렁으로 떨어지지는 않는다. 그대에게 권하노니, 모든 일에 하늘을 원망하지 말라. 하늘의 뜻은 본시 사람에게 후하고 박함의 차이를 두지 않는다.

감탄인심독사사 수지천안전여차 거년망취동인물 금일환귀북사가
堪歎人心毒似蛇라 誰知天眼轉如車요 去年妄取東隣物터니 今日還歸北舍家이라
무의전재탕발설 당래전지수추사 약장교휼위생계 흡사조운모락화
無義錢財湯潑雪이요 儻來田地水推沙니라 若將狡譎爲生計면 恰似朝雲暮落花이라.

사람의 마음이 독하기가 뱀 같음을 한탄하노라. 하늘에서 보는 눈이 수레바퀴처럼 돌아가고 있음을 누가 알 것인가. 지나간 해에 망령스럽게도 동녘 이웃의 물건을 탐내어 가져 왔지만, 오늘 보니 어느덧 북녘 집으로 돌아갔구나. 불의로 취한 재물은 끓는 물에 녹는 눈과 같이 없어질 것이요, 뜻밖에 얻어진 전답은 물살에 밀리는 모래와 같다. 만약 교활한 꾀로써 생활하는 방법을 삼는다면 그것은 흡사 아침에 피었다가 저녁에 지는 꽃과 같을 것이다.

무약가의경상수 유전난매자손현
無藥可醫卿相壽요 有錢難買子孫賢이니라.

재상과 같은 귀한 목숨도 구할 약이 없으며, 돈으로도 자손의 현명함은 살 수 없다.

일일청한일일선
一日清閑一日仙이니라.

단 하루라도 마음을 비우고 편안히 지낸다면, 그 하루는 곧 신선이다.

眞宗皇帝御製曰 知危識險이면 終無羅網之門이요 擧善薦賢이면 自有安身之路라.
施仁布德은 乃世代之榮昌이요 懷妬報寃은 與子孫之爲患이라
損人利己면 終無顯達雲仍이요 害衆成家면 豈有長久富貴리요
改名異體는 皆因巧語而生이요 禍起傷身은 皆是不仁之召니라.

진종황제가 말하였다. 위태함을 알고 험한 것을 알면 내내 법망의 그물에 걸리는 일이 없을 것이다. 착한 이를 치켜세우고 어진 사람을 천거하면 저절로 몸을 편히 할 길이 있다. 인을 베풀고 덕을 펴면 대대로 번영을 가져올 것이요, 시기하는 마음을 품고 원한을 갚는다면 자손에게 근심을 끼치게 될 것이다. 남을 해롭게 해서 자기를 이롭게 한다면 마침내 출세하는 자손이 없을 것이요, 뭇사람을 해롭게 해서 자기 집을 이룬다면 어찌 그 부귀가 오래 가겠는가. 이름을 갈고 모습까지 다르게 함은 모두 교묘한 말 때문에 생겨나는 것이고, 재앙이 일어나고 몸이 상하게 됨은 다 어질지 못하기 때문에 생기는 것이다.

神宗皇帝御製曰 遠非道之財하고 戒過度之酒하며 居必擇隣하고 交必擇友하며
嫉妬를 勿起於心하고 讒言을 勿宣於口하여 骨肉貧者를 莫疎하고
他人富者를 莫厚하며 克己는 以勤儉爲先하고 愛衆以謙和爲首하며
常思已往之非하고 每念未來之咎하라 若依朕之斯言이면 治國家而可久니라.

신종황제가 말하였다. 사람으로서 마땅히 지켜야 할 도가 아닌 재물은 멀리하고, 정도에 지나친 술은 경계하며, 반드시 이웃을 가려 살고, 벗을 가려 사귀며, 남을 시기하는 마음을 일으키지 말라. 남을 헐뜯어 말하지 말고, 동기간이 가난한 자를 소홀히 여기지 말며, 부유한 자에게 아첨하지 말라. 자신의 사욕을 극복하는 것은 부지런하고 아껴 쓰는 것이 으뜸이고, 사람을 사랑하되 겸손하고 화평함을 으뜸으로 삼을 것이며, 언제나 과거의 잘못을 생각하고 또한 앞날의 허물을 생각하라. 나의 이 말을 따른다면 나라와 집안의 다스림이 오래갈 것이다.

고종황제어제왈 일성지화 능소만경지신 반구비언 오손평생지덕
高宗皇帝御製曰 一星之火도 能燒萬頃之薪하고 半句非言도 誤損平生之德이라
신피일루 상사직녀지로 일식삼손 매념농부지고
身被一縷나 常思織女之勞하고 日食三飧이나 每念農夫之苦하라
구탐투손 종무십재안강 적선존인 필유영화후예
苟貪妬損은 終無十載安康하고 積善存仁이면 必有榮華後裔니라
복연선경 다인적행이생 입성초범 진시진실이득
福緣善慶은 多因積行而生이요 入聖超凡은 盡是眞實而得이니라.

고종황제가 말하였다. 한 점의 불씨도 능히 만 경의 섶을 태울 수 있고, 짧은 반 마디 그릇된 말이 평생의 덕을 허물어뜨린다. 몸에 한 오라기의 실을 입었어도 항상 베 짜는 여자의 수고로움을 생각하고, 하루 세 끼니의 밥을 먹거든 농부의 노고를 생각하라. 미워하고 탐내고 시기해서 남에게 손해를 끼친다면 마침내 10년의 편안함도 없을 것이고, 선을 쌓고 인을 보존하면 반드시 후손들에게 영화가 있을 것이다. 행복과 경사는 대부분이 선행을 쌓는 데서 생기고 범용을 초월해서 성인의 경지에 들어가는 것은 모두가 진실함으로써 얻어지는 것이다.

왕량왈 욕지기군 선시기신 욕식기인 선시기우 욕지기부
王良曰 欲知其君인대 先視其臣하고 欲識其人인대 先視其友하고 欲知其父인대
선시기자 군성신충 부자자효
先視其子하라 君聖臣忠하고 父慈子孝이니라.

왕량이 말하였다. 그 임금을 알려고 한다면 먼저 그 신하를 보고, 그 사람을 알려고 한다면 먼저 그 친구를 보고, 그 아비를 알려고 한다면 먼저 그 자식을 보라. 임금이 거룩하면 그 신하가 충성스럽고, 아비가 인자하면 자식이 효도를 한다.

가어 운 수지청칙무어 인지찰칙무도
家語 云 水至清則無魚하고 人至察則無徒니라.

《가어》에서 말하였다. 물이 지나치게 맑으면 고기가 없고, 사람이 지나치게 따져 살피면 친구가 없다.

허경종왈 춘우여고 행인 악기니녕 추월 양휘 도자 증기조감
許敬宗曰 春雨如膏나 行人은 惡其泥濘하고 秋月이 揚輝나 盜者는 憎其照鑑이니라.

허경종이 말하였다. 봄비는 기름처럼 귀하나 길 가는 사람은 그 질펀한 진창을 싫어하고, 가을의 달빛이 휘영청 밝게 비치지만 도둑은 그 밝음을 싫어한다.

경행록 운 대장부 견선명고 중명절어태산 용심정고 경사생어홍모
景行錄 云 大丈夫는 見善明故로 重名節於泰山하고 用心精故로 輕死生於鴻毛니라.

《경행록》에서 말하였다. 대장부는 선을 보는 눈이 밝으므로 명분과 절의를 태산보다 중하게 여기고, 마음씀이 굳으므로 죽고 사는 것을 깃털보다 가볍게 여긴다.

민인지흉 낙인지선 제인지급 구인지위
悶人之凶하고 樂人之善하며 濟人之急하고 救人之危니라.

남의 흉한 것을 민망히 여기고, 남의 착한 것을 즐겁게 여기며, 남의 급한 일을 건져주고, 남의 위태한 일은 구해 주어야 한다.

경목지사 공미개진 배후지언 기족심신
經目之事도 恐未皆眞이어늘 背後之言을 豈足深信이리오.

직접 보고 경험한 일도 모두 참된 것이 아닐까 두렵거늘, 뒤에서 하는 말을 어찌 믿는단 말인가.

불한자가급승단 지한타가고정심
不恨自家汲繩短하고 只恨他家苦井深이로다.

자기 집 두레박줄이 짧은 것은 탓하지 않고 남의 집 우물 깊은 것만 탓하는구나.

장람 만천하 죄구박복인
贓濫이 滿天下하되 罪拘薄福人이니라.

부정한 재물을 취하는 사람이 천하에 가득한 데도, 박복한 사람만 죄로 걸려든다.

천약개상 불풍즉우 인약개상 불병즉사
天若改常이면 不風卽雨요 人若改常이면 不病卽死니라.

하늘이 만약 상도(常道)를 어기면 바람이나 비가 올 것이고, 사람이 만약 상도를 벗어나면 병에 걸리거나 죽게 되리라.

장원시 운 국정천심순 관청민자안 처현부화소 자효부심관
壯元詩 云 國正天心順이요 官淸民自安이라 妻賢夫禍少요 子孝父心寬이니라.

《장원시》에서 말하였다. 나라가 바르면 하늘도 순하고, 벼슬아치가 청백하면 온 백성이 저절로 편안해진다. 아내가 어질면 남편의 화가 적을 것이고, 자식이

효도하면 아버지의 마음이 너그러워진다.

자왈 목종승칙직 인수간칙성
子曰 木縱繩則直하고 人受諫則聖이니라.

공자가 말하였다. 나무는 먹줄을 받아 곧게 되고, 사람은 간언을 받아들임으로써 거룩하게 된다.

일파청산경색유 전인전토후인수 후인수득막환희 갱유수인재후두
一派青山景色幽러니 前人田土後人收라 後人收得莫歡喜하라 更有收人在後頭니라.

한 줄기 푸른 산은 경치가 그윽한데, 옛 사람이 가꾸던 밭은 뒷사람들이 거두는구나. 뒷사람은 거두어 얻었다고 해서 기뻐하지 말라. 다시 거둘 사람이 뒤에 있으니.

소동파왈 무고이득천금 불유대복 필유대화
蘇東坡曰 無故而得千金이면 不有大福이라 必有大禍이니라.

소동파가 말하였다. 까닭 없이 천금을 얻었다는 것은 큰 복이 아니라, 반드시 재앙이 따른다는 것이다.

강절소선생왈 유인 래문복 여하시화복 아휴인시화 인휴아시복
康節邵先生曰 有人이 來問卜하되 如何是禍福고 我虧人是禍이요 人虧我是福이니라.

강절소 선생이 말하였다. 어떤 사람이 와서 운수에 대해 "어떤 것이 화와 복입니까?"하고 물었다. 그래서 내가 남을 해롭게 하면 이것이 화이고, 남이 나를 해롭게 하면 이것이 복이라고 대답했다.

대하천간 야와팔척 양전만경 일식이승
大廈千間이라도 夜臥八尺이요 良田萬頃이라도 日食二升이니라.

큰 집이 천 간이라도 밤에 눕는 곳은 여덟 자뿐이고, 좋은 밭이 만 평이 있다 해도 하루에 먹는 것은 두 되뿐이다.

구주영인천 빈래친야소 단간삼오일 상견불여초
久住令人賤이요 頻來親也疎라 但看三五日에 相見不如初라.

오래 머물러 있으면 남에게 업신여김을 받고, 자주 오면 친분도 멀어진다. 가령

사흘이나 닷새 간격으로 만나도 대하는 것이 처음과 같지 않음을 알게 될 것이다.

갈시일적 여감로 취후첨배 불여무
渴時一滴은 如甘露요 醉後添盃는 不如無니라.

목이 마를 때 한 방울의 물은 단 이슬과 같고, 취한 후에 잔을 더하는 것은 안 먹는 것만 못하다.

주불취인인자취 색불미인인자미
酒不醉人人自醉요 色不迷人人自迷니라.

술이 사람을 취하게 하는 것이 아니라 사람이 스스로 취하는 것이요, 색이 사람을 미혹시키는 것이 아니라 사람이 스스로 미혹되는 것이다.

공심 약비사심 하사불변 도념 약동정념 성불다시
公心을 若比私心이면 何事不辨이며 道念을 若同情念이면 成佛多時니라.

공(公)을 위하는 마음이 사(私)를 위하는 마음만큼만 된다면 무슨 일이든지 옳고 그름을 가려내지 못할 것이 없을 것이며, 도(道)로 향하는 마음이 만약 남녀의 정념과 같다면 이미 오래전에 부처가 되었을 것이다.

염계선생왈 교자언 졸자묵 교자노 졸자일 교자적
濂溪先生曰 巧者言하고 拙者默하며 巧者勞하고 拙者逸하며 巧者賊하고
졸자덕 교자흉 졸자길 오호 천하졸 형정 철
拙者德하고 巧者凶하고 拙者吉하나니 嗚呼라 天下拙이면 刑政이 徹하여
상안하순 풍청폐절
上安下順하며 風淸弊絶이니라.

염계 선생이 말하였다. 교자(巧者, 재주가 많고 꾀 있는 자)는 말을 잘하고, 졸자(拙者, 재주가 없고 어리석은 자)는 말이 없으며, 교자는 수고로우나, 졸자는 한가하다. 교자는 패악하나 졸자는 덕성스러우며, 교자는 흉하고 졸자는 길하다. 아아! 천하가 졸자와 같다면 형정(刑政)이 거두어져 임금은 편안하고 백성은 잘 복종하며, 풍속이 맑아지고 나쁜 습관은 없어지게 될 것이다.

역왈 덕미이위존 지소이모대 무화자선의
易曰 德微而位尊하고 智小而謀大면 無禍者鮮矣니라.

《주역》에서 말하였다. 덕은 적은데 지위가 높으며, 지혜가 없으면서 꾀하는 것

이 크다면 화를 당하지 않을 자가 드물 것이다.

설원왈 관태어환성 병가어소유 화생어해태 효쇠어처자
說苑曰 官怠於宦成하고 病加於小癒하며 禍生於懈怠하고 孝衰於妻子니
찰차사자 신종여시
察此四者하여 愼終如始니라.

《설원》에서 말하였다. 벼슬한 자는 지위가 성취되는 데서 게을러지고, 병은 조금 낫는 데서 더해지며, 재앙은 게으른 데서 생기고, 효도는 처자를 갖는 데서 흐려진다. 이 네 가지를 잘 살펴서 마지막을 시작할 때와 같이 삼가야 한다.

기만칙일 인만칙상
器滿則溢하고 人滿則喪이니라.

그릇이 가득 차면 넘치고, 사람이 가득 차면(자만하면) 이지러진다.

척벽비보 촌음시경
尺璧非寶요 寸陰是競이니라.

한 자 되는 둥근 구슬을 보배로 여기지 말고, 오직 짧은 시간을 귀중히 여겨라.

양갱 수미 중구 난조
羊羹이 雖美나 衆口를 難調니라.

양고기 국이 비록 맛은 좋으나 여러 사람의 입을 맞추기는 어렵다.

익지서 운 백옥 투어니도 불능오예기색 군자 행어탁지
益智書 云 白玉은 投於泥塗라도 不能汚穢其色이요 君子는 行於濁地라도
불능염란기심 고 송백가이내설상 명지 가이섭위난
不能染亂其心하나니 故로 松栢可以耐雪霜이오 明智는 可以涉危難이니라.

《익지서》에서 말하였다. 백옥을 진흙 속에 던져도 그 빛을 더럽힐 수는 없고, 군자는 혼탁한 곳에 갈지라도 그 마음을 어지럽힐 수 없다. 그러므로 송백은 서리와 눈을 견뎌 낼 수 있고, 밝은 지혜는 위기와 고난을 건너갈 수 있다.

입산금호 역 개구고인 난
入山擒虎는 易어니와 開口告人은 難이니라.

산에 들어가 범을 잡기는 쉬우나, 입을 열어 남의 약점을 일러바치기는 어렵다.

원수 불구근화 원친 불여근린
遠水는 不救近火요 遠親은 不如近隣이니라.

먼 곳에 있는 물은 가까운 불을 끄지 못하고, 먼 곳에 있는 친척은 이웃만 못하다.

태공왈 일월 수명 부조복분지하 도인 수쾌 불참무죄지인
太公曰 日月이 雖明이나 不照覆盆之下하고 刀刃이 雖快나 不斬無罪之人하고
비재횡화 불입신가지문
非災橫禍는 不入愼家之門이니라.

태공이 말하였다. 해와 달이 비록 밝으나 엎어놓은 동이의 밑은 비치지 못하고, 칼날이 비록 잘 드나 죄 없는 사람은 베지 못하며, 불의의 재앙은 조심하는 집의 문 안으로는 들어가지 못한다.

태공왈 양전만경 불여박예수신
太公曰 良田萬頃이 不如薄藝隨身이니라.

태공이 말하였다. 좋은 밭 1만 이랑도 하찮은 재주 한 가지를 몸에 지니는 것만 못하다.

성리서 운 접물지요 기소불욕 물시어인 행유부득 반구제기
性理書 云 接物之要는 己所不欲을 勿施於人하고 行有不得이어든 反求諸己니라.

《성리서》에서 말하였다. 사물을 대하는 요체는, 자기가 하기 싫은 일은 남에게 베풀지 말고, 행하고서도 얻지 못하는 것이 있거든 자기에게서 원인을 찾아라.

주색재기사도장 다소현우재내상 약유세인 도득출 변시신선불사방
酒色財氣四堵墻에 多少賢愚在內廂이라 若有世人이 跳得出이면 便是神仙不死方이니라.

술과 색과 재물과 기운의 네 가지로 쌓은 담 안에 수많은 어진 이와 어리석은 사람이 들어가 있다(헤어나지 못하고 있다). 만약 그 누가 이곳을 뛰쳐나올 수 있다면, 그것은 곧 신선처럼 죽지 않는 방법이다.

明心寶鑑

입교편 立敎篇

**사람이 살아가면서 갖추어야 할
기본적인 교훈들을 모아 놓았다.**

자왈 입신유의이효기본 상사유례이애위본
子曰 立身有義而孝其本이요 喪祀有禮而哀爲本이오
전진유열이용위본 치정유리이농위본
戰陣有列而勇爲本이요 治政有理而農爲本이요
거국유도이사위본 생재유시이력위본
居國有道而嗣爲本이요 生財有時而力爲本이니라.

공자가 말하였다. 입신에는 의가 있으니 효도가 그 근본이고, 상사에 예가 있으니 슬퍼함이 그 근본이며, 싸움터에 질서가 있으니 용맹이 그 근본이 된다. 나라를 다스리는 데 이치가 있으니 농사가 그 근본이 되고, 나라를 지키는 데 도가 있으니 잘 잇는 것이 그 근본이 되며, 재물은 생산함에 시기가 있으니 노력이 그 근본이 된다.

경행록 운 위정지요 왈공여청 성가지도 왈검여근
景行錄 云 爲政之要는 曰公與淸이요 成家之道는 曰儉與勤이라.

《경행록》에서 말하였다. 정치를 하는 데 긴요한 것은 공평과 청렴이요, 집을 이루는 도는 검소와 근면이다.

독서 기가지본 순리 보가지본 근검 치가지본
讀書는 起家之本이요 循理는 保家之本이요 勤儉은 治家之本이요
화순 제가지본
和順은 齊家之本이니라.

글을 읽는 것은 집을 일으키는 근본이고, 이치에 따름은 집을 잘 보존하는 근본이며, 부지런하고 낭비하지 않는 것은 집을 잘 다스리는 근본이고, 화목하고 순종하는 것은 집안을 가지런히 하는 근본이다.

공자삼계도 운 일생지계 재어유 일년지계 재어춘
孔子三計圖 云 一生之計는 在於幼하고 一年之計는 在於春하고
일일지계 재어인 유이불학 노무소지 춘약불경 추무소망
一日之計는 在於寅이니 幼而不學이면 老無所知요 春若不耕이면 秋無所望이요
인약불기 일무소변
寅若不起면 日無所辨이니라.

공자가 삼계도에 대해 말하였다. 일생의 계획은 어릴 때에 있고, 일 년의 계획은 봄에 있으며, 하루의 계획은 새벽에 있다. 어려서 배우지 않으면 늙어서 아는 것이 없고, 봄에 밭을 갈지 않으면 가을에 거둘 것이 없으며, 새벽에 일어나지 않으면 그날의 할 일이 없다.

성리서 운 오교지목 부자유친 군신유의
性理書 云 五敎之目은 父子有親하며 君臣有義하며
부부유별 장유유서 붕우유신
夫婦有別하며 長幼有序하며 朋友有信이니라.

《성리서》에서 말하였다. 다섯 가지 가르침의 조목이란, 아버지와 자식 사이에는 서로 친함이 있어야 하며, 임금과 신하 사이에는 의가 있어야 하며, 남편과 아내 사이에는 분별이 있어야 하며, 어른과 아이 사이에는 차례가 있어야 하며, 친구 사이에는 믿음이 있어야 한다는 것이다.

삼강 군위신강 부위자강 부위부강
三綱은 君爲臣綱이요 父爲子綱이요 夫爲婦綱이니라.

삼강이란, 임금은 신하의 본이 되고, 아버지는 자식의 본이 되며, 남편은 아내의 본이 되는 것이다.

왕촉왈 충신 불사이군 열녀 불경이부
王蠋曰 忠臣은 不事二君이요 烈女는 不更二夫니라.

왕촉이 말하였다. 충신은 두 임금을 섬기지 않고, 열녀는 두 남편을 섬기지 않는다.

충자왈 치관 막약평 임재 막약렴
忠子曰 治官엔 莫若平이요 臨財엔 莫若廉이니라.

충자가 말하였다. 벼슬아치를 다스리는 데는 공평함 이상의 것이 없고, 재물을 대하는 데에는 청렴함 이상의 것이 없다.

장사숙좌우명왈 범어 필충신 범행 필독경 음식 필신절
張思叔座右銘曰 凡語를 必忠信하며 凡行을 必篤敬하며 飮食을 必愼節하며
자획 필해정 용모 필단장 의관 필정숙 보리 필안상
字劃을 必楷正하며 容貌를 必端莊하며 衣冠을 必整肅하며 步履를 必安詳하며
거처 필정정 작사 필모시 출언 필고행 상덕 필고지
居處를 必正靜하며 作事를 必謀始하며 出言을 必顧行하며 常德을 必固持하며
연낙 필중응 견선여기출 견악여기병
然諾을 必重應하며 見善如己出하며 見惡如己病하라
범차십사자 개아미심성 서차당좌우 조석시위경
凡此十四者는 皆我味深省이라 書此當座右하여 朝夕視爲警하노라.

장사숙이 자신의 좌우명에 대해 말하였다. 무릇 말은 반드시 정성스럽고 믿음이 있게 하고, 무릇 행실은 반드시 돈독하고 공손하게 하며, 음식은 반드시 삼가고 알맞게 하며, 글씨는 반드시 똑똑하고 바르게 쓰며, 용모는 반드시 단정하고 엄숙히 하며, 의관은 반드시 엄숙하게 차려입어야 하며, 걸음걸이는 반드시 안정되고 찬찬하게 하며, 거처하는 곳은 반드시 바르고 정숙하게 하며, 일은 반드시 계획을 세워 시작하며, 말을 할 때는 반드시 그 실행 여부를 생각해서 하며, 떳떳한 덕을 반드시 굳게 가지며, 허락할 때는 반드시 신중히 생각해서 응하며, 선을 보거든 내가 행한 것처럼 여기며, 악을 보거든 내 병인 것 같이 여겨라. 무릇 이 열네 가지는 모두 내가 아직 깊이 살피지 못한 것이다. 그러니 이것들을 자리 옆에 써 붙여 놓고 아침저녁으로 보며 경계할 것이다.

범익겸좌우명왈 일불언조정이해변보차제 이불언주현관원장단득실
范益謙座右銘曰 一不言朝廷利害邊報差除요 二不言州縣官員長短得失이요
삼불언중인소작과악지사 사불언사진관직추시부세
三不言衆人所作過惡之事요 四不言仕進官職趨時附勢요
오불언재이다소염빈구부 육불언음설희만평론여색
五不言財利多少厭貧求富요 六不言淫媟戲慢評論女色이요
칠불언구멱인물간색주식 우인부서신 불가개탁침체
七不言求覓人物干索酒食이요 又人付書信을 不可開坼沈滯요
여인배좌 불가규인사서 범입인가 불가간인문자
與人拜坐에 不可窺人私書요 凡入人家에 不可看人文字요
범차인물 불가손괴불환 범끽음식 불가간택거취
凡借人物에 不可損壞不還이요 凡喫飮食에 不可揀擇去取요
여인동처 불가자택편리 범인부귀 불가탄선저훼
與人同處에 不可自擇便利요 凡人富貴를 不可歎羨詆毁니
범차수사 유범지자 족이견용심지부정
凡此數事에 有犯之者면 足以見用心之不正이라
어정심수신 대유소해 인서이자경
於正心修身에 大有所害라 因書以自警하노라.

범익겸이 자신의 좌우명에 대해 말하였다. 첫째, 조정에서의 이해와 변방 소식이나 관직의 임명에 대하여 말하지 말 것. 둘째, 주현(州縣)의 관원의 장단점과 득실에 대하여 말하지 말 것. 셋째, 여러 사람이 저지른 악한 일에 대해 말하지 말 것. 넷째, 관직에 나아가고 기회를 좇아 권세에 아부하는 일에 대해 말하지 말 것. 다섯째, 재리(財利)의 많고 적음이나 가난을 싫어하고 부자가 되고 싶다고 말하지 말 것. 여섯째, 음탕하고 난잡한 농지거리나 여색에 대해 논하지 말 것. 일곱째, 남의 물건을 탐내거나 주식(酒食)을 달라고 말하지 말 것. 그리고 남이 부치는 편지를 뜯어보거나 지체시켜서는 안 되며, 남과 같이 앉아 있으면서 남의 사사로운 글을 엿보아서는 안 되며, 무릇 남의 집에 들어가서는 남이 쓴 글을 보아서는 안 되며, 남의 물건을 빌렸을 때는 훼손시켜 돌려보내서는 안 된다. 무릇 음식을 먹을 때 가려서 취하지 말며, 남과 같이 있을 때 자신의 편리만을 가려 취하지 말라. 무릇 남의 부하고 귀한 것을 부러워하거나 헐뜯지 말라. 무릇 이 몇 가지 일을 범하는 자가 있으면 그 마음 씀씀이가 바르지 못함을 알 수 있으며, 마음을 바르게 하고 몸을 닦는 데 크게 해가 된다. 이에 이 글을 써 두어 스스로를 경계하고자 한다.

무왕 문 태공왈 인거세상 하득귀천빈부부등 원문설지 욕지시의
武王이 問 太公曰 人居世上에 何得貴賤貧富不等고 願聞說之하여 欲之是矣이로다
태공왈 부귀 여성인지덕 개유천명 부자 용지유절
太公曰 富貴는 如聖人之德하여 皆由天命이어니와 富者는 用之有節하고
불부자 가유십도
不富者는 家有十盜니라.

무왕이 태공에게 물었다. "사람이 사는 데 어찌하여 귀천과 빈부가 고르지 않소? 원컨대 설명을 듣고 이를 알고자 하오." 태공이 대답했다. "부귀는 성인의 덕과 같기 때문입니다. 이는 모두가 천명에 의한 것이기는 하지만, 부유한 자는 쓰는 것에 절제가 있고, 부유하지 못한 자는 집에 열 가지 도둑이 있기 때문입니다."

무왕왈 하위십도 태공왈 시숙불수 위일도 수적불료위이도
武王曰 何謂十盜닛고 太公曰 時熟不收이 爲一盜요 收積不了爲二盜요
무사연등침수 위삼도 용나불경 위사도 불시공력 위오도
無事燃燈寢睡이 爲三盜요 慵懶不耕이 爲四盜요 不施功力이 爲五盜요
전행교해 위육도 녀태다 위칠도 주면나기 위팔도
專行巧害이 爲六盜요 女太多이 爲七盜요 晝眠懶起이 爲八盜요
탐주기욕 위구도 강행질투 위십도
貪酒嗜慾이 爲九盜 强行嫉妬이 爲十盜니라.

무왕이 또 물었다. "무엇을 열 가지 도둑이라 하오?" 태공이 대답했다. "익은 곡식을 제때에 거둬들이지 않는 것이 첫 번째 도둑이고, 거두고 쌓는 일을 마치지 않는 것이 두 번째 도둑이며, 일 없이 등불을 켜 놓고 잠자는 것이 세 번째 도둑이고, 게을러서 밭을 갈지 않는 것이 네 번째 도둑이며, 아무런 공력(功力)도 남에게 베풀지 않는 것이 다섯 번째 도둑이고, 오로지 교활하고 해로운 일만 행하는 것이 여섯 번째 도둑이며, 딸을 너무 많이 기르는 것이 일곱 번째 도둑이고, 낮잠이나 자고 아침에 일어나기를 게을리하는 것이 여덟 번째 도둑이며, 술을 탐하고 환락을 즐기는 것이 아홉 번째 도둑이고, 남을 심하게 시기하는 것이 열 번째 도둑입니다."

무왕왈 가무십도이불부자 하여 태공왈 인가 필유삼모
武王曰 家無十盜而不富者는 何如닛고 太公曰 人家에 必有三耗니다
무왕왈 하명삼모 태공왈 창고루람불개 서작난식 위일모
武王曰 何名三耗닛고 太公曰 倉庫漏濫不蓋하여 鼠雀亂食이 爲一耗요
수종실시 위이모 포살미곡예천 위삼모
收種失時이 爲二耗요 抛撒米穀穢賤이 爲三耗니라.

무왕이 다시 물었다. "집에 열 가지 도둑이 없는 데도 부유하지 못한 까닭은 무

엇이요?" 태공이 대답했다. "그런 사람의 집에는 반드시 재물을 소모하는 세 가지(삼모, 三耗)가 있을 것입니다." 무왕이 또 물었다. "삼모란 무엇이요?" 태공이 대답했다. "창고가 뚫려 있는 데도 가리지 않아 쥐와 새들이 어지러이 먹어 대는 것이 첫 번째 소모이고, 거두고 씨 뿌릴 때를 놓치는 것이 두 번째 소모이며, 곡식을 흘리거나 더럽고 천하게 다루는 것이 세 번째 소모입니다."

무왕왈 가무삼모이불부자 하여 태공왈 인가
武王曰 家無三耗而不富者는 何如닛고 太公曰 人家에
필유일착이오삼치사실오역육불상칠노팔천구우십강
必有一錯二誤三痴四失五逆六不祥七奴八賤九愚十强하여
자초기화 비천강앙
自招其禍요 非天降殃이니라.

무왕이 다시 물었다. "집에 재물을 소모하는 세 가지가 없는 데도 부유하지 못한 까닭은 무엇이요?" 태공이 대답했다. "그런 사람의 집에는 반드시 첫째로 그르침(錯), 둘째로 잘못(誤), 셋째로 바보스러움(痴), 넷째로 실수(失), 다섯째로 거스름(逆), 여섯째로 상서롭지 못함(不祥), 일곱째로 상스러움(奴), 여덟째로 천함(賤), 아홉째로 어리석음(愚), 열째로 억지(强)가 있어서 스스로 그 화를 부르는 것입니다. 결코 하늘이 재앙을 내리는 것이 아닙니다."

무왕왈 원실문지 태공왈 양남불교훈 위일착 영해불훈 위이오
武王曰 願悉聞之하나이다 太公曰 養男不敎訓이 爲一錯이요 嬰孩不訓이 爲二誤요
초영신부불행엄훈 위삼치 미어선소위사실 불양부모 위오역
初迎新婦不行嚴訓이 爲三痴요 未語先笑爲四失이요 不養父母이 爲五逆이요
야기적신 위육불상 호만타궁 위칠노 애기타마 위팔천
夜起赤身이 爲六不祥이요 好挽他弓이 爲七奴요 愛騎他馬이 爲八賤이요
끽타주근타인 위구우 끽타반명붕우 위십강
喫他酒勤他人이 爲九愚요 喫他飯命朋友이 爲十强이니다
무왕왈 심미성재 시언야
武王曰 甚美誠哉라 是言也이여.

무왕이 또 물었다. "그 내용을 모두 자세하게 들었으면 하오." 태공이 대답했다. "아들을 기르며 가르치지 않는 것이 첫째의 잘못이고, 어린아이를 훈도하지 않는 것이 둘째의 그르침이며, 처음 신부를 맞아들여서 엄한 교훈을 행하지 않는 것이 셋째의 바보스러움이고, 말하기 전에 웃기부터 먼저 하는 것이 넷째의 과실이며, 부모를 봉양하지 않는 것이 다섯째의 거스름이고, 밤에 알몸으로

일어나는 것이 여섯째의 상서롭지 못함이며, 남의 활을 당기기를 좋아하는 것이 일곱째의 상스러움이고, 남의 말을 타기를 좋아하는 것이 여덟째의 천함이며, 남의 술을 마시면서 다른 사람에게 권하는 것이 아홉째의 어리석음이고, 남의 밥을 먹으면서 벗에게 주는 것이 열째의 억지스러움입니다." 이 말을 듣고 무왕이 말했다. "아! 훌륭하고 진실 되구나. 그 말이여."

明心寶鑑

치정편 治政篇

나랏일을 다스리는 관리들에게 교훈이 될 만한 문구들이 실려 있다.

명도선생왈 일명지사 구유존심어애물 어인 필유소제
明道先生曰 一命之士 苟有存心於愛物이면 於人에 必有所濟니라.

명도 선생이 말하였다. 처음으로 벼슬을 얻는 사람이라도 진실로 사람이나 공물(公物)을 사랑하는 데 마음을 쓴다면 남에게 반드시 도움을 받을 것이다.

당태종어제 운 상유휘지 중유승지 하유부지 폐백의지
唐太宗御製 云 上有麾之하고 中有乘之하고 下有附之하여 幣帛衣之요
창름식지 이봉이록 민고민지 하민 역학 상창 난기
倉廩食之하니 爾俸爾祿이 民膏民脂니라 下民은 易虐이어니와 上蒼은 難欺니라.

당나라 태종이 말하였다. 위에는 지시하는 이가 있고, 중간에는 지시로 다스리는 관원이 있으며, 아래로는 이에 따르는 백성이 있다. 백성이 바친 베로 옷을 지어 입고, 곳간에 거두어둔 곡식으로 밥을 지어 먹으니 너희의 봉록은 다 백성들의 기름인 것이다. 아래의 백성은 학대하기가 쉽지만 위에 있는 하늘은 속이기 어려운 법이다.

동몽훈왈 당관지법 유유삼사 왈청왈신왈근 지차삼자 지소이지신의
童蒙訓曰 當官之法이 唯有三事하니 曰淸曰愼曰勤이라 知此三者면 知所以持身矣니라.

《동몽훈》에서 말하였다. 관리 된 자의 지켜야 할 법은 오직 세 가지가 있으니, 청렴과 신중과 근면이다. 이 세 가지를 알면 몸 가질 바를 안다.

당관자 필이폭노위계 사유불가 당상처지 필무부중 약선폭노
當官者는 必以暴怒爲戒하여 事有不可어든 當詳處之면 必無不中이어니와 若先暴怒
지능자해 기능해인
면 只能自害라 豈能害人이리오.

관직에 있는 자는 반드시 심하게 성내는 것을 경계하라. 일에 옳지 못한 점이 있을지라도 자상하게 처리하면 반드시 해결될 것이나, 먼저 성내기부터 한다면 단지 자신만 해롭게 할 뿐이니 어찌 남을 해롭게 할 수 있겠는가.

사군 여사친 사장관 여사형 여동료 여가인 대군리 여노복
事君은 如事親하며 事長官을 如事兄하며 與同僚를 如家人하며 待羣吏를 如奴僕하여
애백성 여처자 처관사 여가사연후 능진오지심
愛百姓을 如妻子하며 處官事를 如家事然後에 能盡吾之心이니
여유호말부지 개오심 유소미진야
如有毫末不至면 皆吾心에 有所未盡也니라.

임금을 어버이 섬기듯 하고, 윗사람을 나의 형 섬기듯 하며, 동료를 나의 가족처럼 대하고, 여러 아전을 내 집 종을 대접하듯 하며, 백성을 내 처자 사랑하듯 하고, 나랏일을 내 집안일을 처리하듯 하고 난 뒤에야 내 마음을 다했다고 할 것이다. 만약 털끝만큼이라도 이에 미흡함이 있다면 내 마음에 아직 다하지 못한 바가 있기 때문이다.

혹 문부 좌령자야 부욕소위 영혹부종 내하
或이 問簿는 佐令者也니 簿欲所爲를 令或不從이면 奈何닛고
이천선생왈 당이성의동지 금령여부불화 편시쟁사의
伊川先生曰 當以誠意動之니라 今令與簿不和는 便是爭私意요
영 시읍지장 약능이사부형지도 사지 과칙귀기
令은 是邑之長이니 若能以事父兄之道로 事之하여 過則歸己하고
선칙유공불귀어령 적차성의 기유부동득인
善則唯恐不歸於令하여 積此誠意면 豈有不動得人이리오.

어떤 사람이 물었다. "부(簿)는 영(令)을 보좌하는 자인데, 부가 하고자 하는 바를 혹시 영이 따르지 않는다면 어떻게 합니까?" 이천 선생이 대답했다. "마땅히 성의로 감동시켜 움직여야 할 것이다. 영과 부가 화목하지 않은 것은 사사

로운 생각으로 다투기 때문이다. 영은 고을의 장관이니 만약 자기 부형(父兄)을 섬기는 도리로 섬겨서, 잘못이 있으면 자기에게로 돌리고, 잘한 일의 공로가 영에게로 돌아가지 않으면 어쩌나 하고 근심스런 마음을 갖는다면 어찌 사람을 감동시키지 못하겠는가."

劉安禮(유안례) 問臨民(문림민)한대 明道先生曰(명도선생왈) 使民(사민)으로 各得輸其情(각득수기정)이니라
問御吏(문어리)한대 曰(왈) 正己以格物(정기이격물)이니라.

유안례가 백성에 임하는 도리를 물으니 명도 선생이 대답했다. "백성들로 하여금 각자 자신들의 뜻을 펴게 할 것이다." 다시 아전을 거느리는 도리를 물으니 이렇게 대답했다. "자기를 바르게 함으로써 남을 바르게 할 것이다."

抱朴子曰(포박자왈) 迎斧鉞而正諫(영부월이정간)하며 據鼎鑊而盡言(거정확이진언)이면 此謂忠臣也(차위충신야)이니라.

포박자가 말하였다. 도끼로 맞는 형벌을 받더라도 바른길로 간해야 하며, 솥에 넣어 죽이는 형벌을 받더라도 옳은 말을 한다면 이 사람이 바로 충신이다.

明心寶鑑

치가편 治家篇

**집안일을 다스리는 방법에 대해
유익한 글들이 실려 있다.**

사마온공왈 범제비유사무대소 무득전행 필자품어가장
司馬溫公曰 凡諸卑幼事無大小이요 毋得專行하고 必咨稟於家長이니라.

사마온공이 말하였다. 무릇 손아래 사람들은 일의 크고 작음이 없이 제멋대로 행동하지 말고 반드시 집안 어른께 여쭙고 행해야 한다.

대객 부득부풍 치가 부득부검
待客에 不得不豊이요 治家에 不得不儉이니라.

손님 접대는 풍성하게 하지 않으면 안 되고, 살림살이는 검소하게 하지 않으면 안 된다.

태공왈 치인 외부 현녀 경부
太公曰 痴人은 畏婦고 賢女는 敬夫니라.

태공이 말하였다. 어리석은 자는 아내를 두려워하고, 어진 여인은 남편을 공경한다.

범 사 노 복　선 념 기 한
凡使奴僕에 先念飢寒이니라.

무릇 노복을 부리는 데는 먼저 그들의 춥고 배고픔을 염려해야 한다.

자 효 쌍 친 락　가 화 만 사 성
子孝雙親樂이오 家和萬事成이니라.

자식이 효도하면 어버이가 즐겁고, 집안이 화목하면 만사가 이루어진다.

시 시 방 화 발　야 야 비 적 래
時時防火發하고 夜夜備賊來니라.

때때로 불이 나는 것을 막고, 도적이 드는 것을 방비해야 한다.

경 행 록 운 관 조 석 지 조 안　가 이 복 인 가 지 흥 체
景行錄 云 觀朝夕之早晏하여 可以卜人家之興替니라.

《경행록》에서 말하였다. 아침과 저녁 식사의 이르고 늦음을 보면 그 사람의 집이 흥하고 쇠함을 점칠 수 있다.

문 중 자 왈 혼 취 이 논 재　이 로 지 도 야
文仲子曰 婚娶而論財는 夷虜之道也이니라.

문중자가 말하였다. 혼인을 하고 장가를 드는 데 재물을 논하는 것은 오랑캐의 도이다.

明心寶鑑

안의편 安義篇

**가족 간에 지켜야 할 윤리와
가족들의 끈끈한 정을 맺는 법에 대해 이야기하고 있다.**

안씨가훈왈 부유인민이후 유부부 유부부이후 유부자
顔氏家訓曰 夫有人民而後에 有夫婦하고 有夫婦而後에 有父子하고
유부자이후 유형제 일가지친 차삼자이기의
有父子而後에 有兄弟하니 一家之親은 此三者而已矣라
자자이왕 지우구족 개본어삼친언고 이인륜 위중야 불가부독
自兹以往으로 至于九族이 皆本於三親焉故로 於人倫에 爲重也니 不可不篤이니라.

안씨 가훈에서 말하였다. 무릇 사람이 있은 후에 부부가 있고, 부부가 있은 후에 부자(父子)가 있고, 부자가 있은 후에 형제가 있으니, 한 가정의 친함은 이 세 가지뿐이다. 이에서부터 구족(九族)에 이르기까지는 모두 이 세 가지가 근본이 되는 것이다. 그러므로 인륜에 있어서 가장 중요한 것이니 돈독하게 하지 않을 수 없다.

장자왈 형제 위수족 부부 위의복
莊子曰 兄弟는 爲手足하고 夫婦는 爲衣服이니
의복파시 경득신 수족단처 난가속
衣服破時엔 更得新이어니와 手足斷處엔 難可續이니라.

장자가 말하였다. 형제는 수족과 같고 부부는 의복과 같다. 의복이 떨어졌을 때는 새것으로 갈아입을 수 있지만 수족이 잘린 곳은 잇기가 어렵다.

소동파 운 부불친혜빈불소 차시인간대장부
蘇東坡 云 富不親兮貧不疎는 此是人間大丈夫요
부칙진혜빈칙퇴 차시인간진소배
富則進兮貧則退는 此是人間眞小輩니라.

소동파가 말하였다. 부유하다고 해서 친하지 않으며, 가난하다고 해서 멀리하지 않는다면, 이 사람이야말로 대장부라 할 것이다. 반면에 부유하면 가까이하고 가난하다고 멀리한다면, 이는 사람 중에서 참으로 소인배이다.

明心寶鑑 — 준례편 遵禮篇

사람들이 살아가면서 지켜야 할 예절에 관한 글들이 실려 있다.

子曰 居家有禮故로 長幼辨하고 閨門有禮故로 三族和하고 朝廷有禮故로 官爵序하고 田獵有禮故로 戎事閑하고 軍旅有禮故로 武功成이니라.

공자가 말하였다. 한 집안에 예가 있음으로써 어른과 아이의 분별이 있고, 집안에 예가 있음으로써 삼족(三族, 친족 · 처족 · 외족)이 화목하며, 조정에 예가 있음으로써 벼슬의 차례가 있고, 사냥하는 데 예가 있음으로써 군사 일이 숙달되며, 군대에 예가 있음으로써 무공이 이루어진다.

子曰 君子 有勇而無禮면 爲亂하고 小人이 有勇而無禮면 爲盜니라.

공자가 말하였다. 군자가 용맹만 있고 예가 없으면 세상을 어지럽게 만들고, 소인이 용맹만 있고 예가 없으면 도둑이 된다.

증자왈 조정 막여작 향당 막여치 보세장민 막여덕
曾子曰 朝廷엔 莫如爵이요 鄕黨엔 莫如齒요 輔世長民엔 莫如德이니라.

증자가 말하였다. 조정에서는 관직보다 좋은 것이 없고, 한 고을에서는 나이가 많은 사람보다 나은 이가 없으며, 나랏일을 잘하고 백성을 다스리는 데는 덕보다 더한 것이 없다.

노소장유 천분질서 불가패리이상도야
老少長幼는 天分秩序니 不可悖理而傷道也이니라.

늙은이와 젊은이, 어른과 어린이는 하늘이 정한 차례이므로, 이치를 어겨 도를 손상시켜서는 안 된다.

출문여견대빈 입실여유인
出門如見大賓하고 入室如有人이니라.

문밖에 나설 때는 마치 큰 손님을 맞이하듯 하고, 방으로 들어갈 때는 마치 사람이 있는 것과 같이 하라.

약요인중아 무과아중인
若要人重我인대 無過我重人이니라.

만약 남이 나를 중하게 여기기를 바란다면, 내가 먼저 남을 중하게 여겨야 한다.

부불언자지덕 자부담부지과
父不言子之德하며 子不談父之過니라.

아버지는 아들의 덕을 말하지 말 것이며, 자식은 아버지의 허물을 말하지 말라.

우리가 사용하는 말이
얼마나 중요한지에 대해 가르치고 있다.

유 회 왈 언 부 중 리 불 여 불 언
劉會曰 言不中理면 不如不言이니라.

유회가 말하였다. 말이 이치에 맞지 않으면 말하지 않는 것만 못하다.

일 언 부 중 천 어 무 용
一言不中이면 千語無用이니라.

한 마디 말이 맞지 않으면 천 마디 말이 쓸데없다.

군 평 왈 구 설 자 화 환 지 문 멸 신 지 부 야
君平曰 口舌者는 禍患之門이요 滅身之斧也이니라.

군평이 말하였다. 입과 혀는 화와 근심의 근본이며, 몸을 망하게 하는 도끼와 같은 것이니 말을 삼가야 한다.

이인지언 난여면서 상인지어 이여형극 일언반구중치천금
利人之言은 煖如綿絮하고 傷人之語는 利如荊棘하야 一言半句重値千金이요
일어상인 통여도할
一語傷人에 痛如刀割이니라.

사람을 이롭게 하는 말은 따뜻하기가 솜과 같고, 사람을 상하게 하는 말은 날카롭기가 가시와 같아서, 한마디 말이 사람을 이롭게 할 때는 그 중하기가 천금과 같고, 한마디 말이 사람을 상하게 함은 아프기가 칼로 베는 것과 같다.

구시상인부 언시할설도 폐구심장설 안신처처뢰
口是傷人斧요 言是割舌刀니 閉口深藏舌이면 安身處處牢니라.

입은 사람을 상하게 하는 도끼요, 말은 혀를 베는 칼이니, 입을 막고 혀를 깊이 감추면 몸이 어느 곳에 있으나 편안할 것이다.

봉인차설삼분화 미가전포일편심 불파호생삼개구 지공인정양양심
逢人且說三分話하되 未可全抛一片心이니 不怕虎生三個口요 只恐人情兩樣心이니라.

사람을 만나거든 말을 삼분의 일만 하되, 자기가 지니고 있는 한 조각 마음까지 다 말하지 말라. 살아 있는 호랑이의 아가리가 두려운 것이 아니라, 단지 사람의 두 마음이 두려운 것이다.

주봉지기천종소 화불투기일구다
酒逢知己千鍾少요 話不投機一句多니라.

술은 나를 알아주는 친구를 만나면 천 잔도 적고, 말은 그 기회를 맞추지 못하면 한 마디도 많은 법이다.

친구를 사귀는 데 있어서 지켜야 할 도리와 어떤 친구가 진정한 친구인가에 대해 적혀 있다.

자왈 여선인거 여입지란지실 구이불문기향 즉여지화의
子曰 與善人居에 如入芝蘭之室하여 久而不聞其香하되 即與之化矣요
여불선인거 여입포어지사 구이불문기취 역여지화의
與不善人居에 與入鮑魚之肆하야 久而不聞其臭하되 亦與之化矣니
단지소장자 적 칠지소장자 흑 시이 군자 필신기소여처자언
丹之所藏者는 赤하고 漆之所藏者는 黑이라 是以로 君子는 必慎其所與處者焉이니라.

공자가 말하였다. 착한 사람과 함께 지내면 마치 향기로운 지초(芝草)와 난초(蘭蕉)가 있는 방 안에 들어간 것과 같아서 한참 지나면 그 냄새를 느끼지 못하나 곧 그와 더불어 향기에 동화되고, 착하지 못한 사람과 함께 지내면 생선 가게에 들어간 것과 같아서 한참 지나면 그 악취를 느끼지 못하나 역시 그와 더불어 감염될 것이다. 붉은 물감에 보관한 것은 붉어지고 검은 물감에 보관한 것은 검어지는 법이다. 그러므로 군자는 반드시 함께 지낼 사람과 머물 곳을 가려서 삼가야 한다.

가어 운 여호인동행 여무로중행 수불습의
家語 云 與好人同行에 如霧露中行하야 雖不濕衣라도
시시유윤 여무식인동행 여측중좌 수불오의 시시문취
時時有潤하고 與無識人同行에 如廁中坐하야 雖不汚衣라도 時時聞臭니라.

《가어》에서 말하였다. 학문을 좋아하는 사람과 함께 하면 마치 안개 속을 가는 것과 같아서 비록 옷은 흠뻑 젖지 않더라도 때때로 습기가 배어들고, 무식한 사람과 함께 하면 마치 뒷간에 앉은 것 같아서 비록 옷이 더럽혀지지는 않더라도 때때로 악취가 난다.

자 왈 안평중 선여인교 구이경지
子曰 晏平仲은 善與人交로다 久而敬之온여.

공자가 말하였다. 안평중은 사람 사귀기를 잘한다. 오래도록 공경으로써 사귀었다.

상식 만천하 지심능기인
相識이 滿天下하되 知心能幾人고.

서로 얼굴을 아는 사람은 세상에 많이 있으나, 마음을 아는 사람은 몇이나 되겠는가.

주식형제 천개유 급난지붕 일개무
酒食兄弟는 千個有로되 急難之朋은 一個無니라.

서로 술이나 음식을 함께 할 때에는 형이니 동생이니 하는 친구는 많으나, 급하고 어려운 일을 당했을 때 도와주는 친구는 하나도 없더라.

불결자화 휴요종 무의지붕 불가교
不結子花는 休要種이요 無義之朋은 不可交니라.

열매를 맺지 않는 꽃은 심지 말고, 의리가 없는 친구는 사귀지 말라.

군자지교 담여수 소인지교 감약례
君子之交는 淡如水하고 小人之交는 甘若醴니라.

군자의 사귐은 맑기가 물 같고, 소인의 사귐은 달콤하기가 단술 같다.

노요지마력 일구견인심
路遙知馬力이요 日久見人心이니라.

길이 멀어야 말의 힘을 알 수 있고, 날이 오래 지나야만 사람의 마음을 알 수 있다.

부행편 婦行篇

부녀자에 관한 덕목이 실려 있다.

익지서 운 여유사덕지예 일왈부덕 이왈부용 삼왈부언 사왈부공야
益智書 云 女有四德之譽하니 一曰婦德이요 二曰婦容이요 三曰婦言이요 四曰婦工也니라.

《익지서》에서 말하였다. 여자는 네 가지 덕의 아름다움이 있으니, 첫째는 부녀자로서의 덕성이고, 둘째는 부녀자로서의 몸가짐이며, 셋째는 부녀자로서의 말씨이고, 넷째는 부녀자로서의 솜씨가 그것이다.

부덕자 불필재명절이 부용자 불필안색미려
婦德者는 不必才名絶異요 婦容者는 不必顔色美麗요
부언자 불필변구리사 부공자 불필기교과인야
婦言者는 不必辯口利詞요 婦工者는 不必技巧過人也니라.

부덕이라는 것은 반드시 재주와 이름이 뛰어남을 말하는 것이 아니며, 부용이라는 것은 반드시 얼굴이 아름다운 것을 말하는 것이 아니다. 부언이라는 것은 반드시 입담이 좋고 말을 잘하는 것을 일컫는 것이 아니며, 부공이라는 것은 반드시 손재주가 다른 사람보다 뛰어남을 말하는 것이 아니다.

其婦德者는 淸貞廉節하여 守分整齊하고 行止有恥하야 動靜有法이니 此爲婦德也요
婦容者는 洗浣塵垢하여 衣服鮮潔하며 沐浴及時하여 一身無穢니 此爲婦容也요
婦言者는 擇師而說하여 不談非禮하고 時然後言하여 人不厭其言이니 此爲婦言也요
婦工者는 專勤紡積하고 勿好暈酒하여 供具甘旨하여 以奉賓客이니 此爲婦工也니라.

부덕이란 절개가 곧고 분수를 지키며, 몸가짐을 고르게 하고 한결같이 얌전하게 행하며, 행실을 법도에 맞게 하는 것을 말한다. 부용이란 먼지나 때를 깨끗이 빨아 옷차림을 정결하게 하고, 목욕을 제때 하여 몸에 더러움이 없게 하는 것이다. 부언이란 말을 가려서 하며, 예의에 어긋나는 말은 하지 않고 꼭 해야 할 말만 하여 사람들이 그 말을 싫어하지 않도록 하는 것이다. 부공이란 길쌈을 부지런히 하되, 술을 빚어내는 일을 좋아하지 않고 좋은 맛을 갖추어서 손님을 접대하는 것이다.

此四德者는 是婦人之所不可缺者라
爲之甚易하고 務之在正하니 依此而行이면 是爲婦節이니라.

이 네 가지 덕은 부녀자로서 하나도 빠뜨릴 수 없는 것이니 행하기가 매우 쉽고 또 그렇게 되도록 힘쓰는 것이 올바른 일이므로 이를 실천하여 간다면 이것이 곧 부녀자로서의 범절이 되는 것이다

太公曰 婦人之禮는 語必細니라.

태공이 말하였다. 부녀자의 말은 반드시 곱고 가늘어야 한다.

현부 영부귀 악부 영부천
賢婦는 令夫貴요 惡婦는 令夫賤이니라.

어진 아내는 남편을 귀하게 하고, 악한 아내는 남편을 천하게 만든다.

가유현처 부부조횡화
家有賢妻면 夫不遭橫禍니라.

집에 어진 아내가 있으면 그 남편이 뜻밖의 화를 만나지 않는다.

현부 화육친 영부 파육친
賢婦는 和六親하고 佞婦는 破六親이니라.

어진 아내는 육친을 화목하게 하고, 간악한 아내는 육친의 화목을 깨뜨린다.

누구나 한번쯤
읽어야 할 명심보감

개정1판 1쇄 인쇄 2024년 04월 19일
개정1판 1쇄 발행 2024년 04월 25일

엮은이 | 미리내공방
펴낸이 | 최윤하
펴낸곳 | 정민미디어
주 소 | (151-834) 서울시 관악구 행운동 1666-45, F
전 화 | 02-888-0991
팩 스 | 02-871-0995
이메일 | pceo@daum.net
홈페이지 | www.hyuneum.com
편 집 | 미토스
표지디자인 | 강희연
본문디자인 | 디자인 [연;우]

ISBN 979-11-91669-65-7 (03190)